スタート
ダッシュ
大成功！

小学校
学級開き
大事典

『授業力＆学級経営力』
編集部編

高学年

明治図書

さぁ，学級づくりの スタートダッシュを決めよう！

「学級づくり」の時代がきています。

「学級」をきちんと成立させなければ，「授業」が成り立たない時代です。

学校現場で，今最大の課題は何でしょうか？

学級で，１年間平穏に過ごしていけること。これです。

今までは当たり前だと思われてきたこのことが，大きな危機に瀕しています。関東圏・関西圏の都市圏を中心とする学校現場では，学級崩壊が日常化し，深刻な事態を招いています。なかには，ほとんどの学級が学級崩壊に陥って，いわゆる「学校崩壊」状態の学校も現れています。

残念ながら，この事態は地方へと広がっていくでしょう。これを押しとどめていく抜本的な対抗策がとられていません。ほとんどが対症療法のモグラたたきにすぎないのです。

原因は様々に考えられます。

ですが，子どもたちが変わり，親たちも変わっているという大きな原因に行き着きます。

その変貌に，学校が対応できないのです。

私たちは，この事態に対する対応策を試行錯誤しながら実践してきて，１つの結論を導き出しています。

こうすればうまくいくという，１つの結論です。

初任者もうまくいく。途中で危うくなっている先生でも，修正できる。そんな方法論です。

それは，「学級づくり」をきちんと学級経営の土台に据えるということです。

「なあんだ。そんなことか！」とつぶやかれるかもしれません。

しかし，普通の多くの先生たちは，「学級づくり」を土台に据えるという

ことを今まで実にいいかげんにすませてきていたはずです。

　初任者も，ほとんどちゃんとした「学級づくり」をしないままに授業を始めて，学級を壊していきます。数多くいるのです。大学でほとんど「学級づくり」の必要性を学んでいない結果です。

　学校現場では，即「学級づくり」が必要になります。これが当たり前の現実です。こんなことはほとんどの先生がもうわかっています。

　けれど，何をすればいいか，どうすればいいか，これがよくわかりません。だから，経験的に自己流で進めています。

　担任になったら，学期はじめにクラスの係や当番などを決めて，すぐに授業を始めていきます。係決めや当番決めなどが「学級づくり」というのが多くの先生たちの認識になっていたはずです。しかし，今はそんなことをやっていては，いつ学級崩壊の憂き目にあうかわかりません。そんな時代です。

　きちんと「学級づくり」を土台に据えなければいけません。これが求められています。しかも，「学級づくり」は，１年間意図的，計画的，継続的に進めなくてはなりません。そして，その上に「授業づくり」を乗せていくのです。

　さて，その「学級づくり」は，何をどのようにやればいいのでしょうか。それが問題です。

　これには，きちんとした「原理・原則」があります。

　これを踏まえ，目の前の子どもたちに合わせて実践をしていくことになります。繰り返しになりますが，「学級づくり」をきちんと土台に据えれば，１年間学級はうまく成立していくことを強調したいです。

　さあ，学級づくりのスタートダッシュを決めましょう。うまくいくかどうかは担任であるあなたの手にかかっています。

　2018年２月

　　　　　　　　　　　　　　　　　　　　　　　野中　信行

CONTENTS

もくじ

さぁ，学級づくりの
スタートダッシュを決めよう！ ……………………………………… 2

第 1 章

こうすれば絶対うまくいく！
学級開き成功の
ポイント

1　8割の子どもたちを味方につける！ ……………………………… 10
2　「決め手」を間違わない！ ………………………………………… 10
3　安心できる居場所づくり ……………………………………………… 11
4　縦糸・横糸をバランスよく張る ………………………………………… 12
5　リーダーシップを発揮する ………………………………………… 13
6　「学級づくり」は1か月で80%が決まる ……………………………… 13
7　目標達成法でルール定着を！ ……………………………………… 14

第2章

春休み～新年度1週間の動きがすべてわかる！

学級担任の
新年度の仕事一覧

1　5年生担任の仕事 ………………………………………………… 16

2　6年生担任の仕事 ………………………………………………… 30

第3章

小さな工夫が大きな差を生む！

学級開きを成功に導く
アイデア

1　「学級目標」のアイデア❶ ……………………………………… 46

2　「学級目標」のアイデア❷ ……………………………………… 48

3　「自己紹介カード」のアイデア❶ ……………………………… 50

4　「自己紹介カード」のアイデア❷ ……………………………… 52

5　「おたより・予定表」のアイデア ……………………………… 54

6　「給食当番」のアイデア ………………………………………… 56

7　「掃除当番」のアイデア ………………………………………… 58

8　「係活動」のアイデア …………………………………………… 60

9　「学習ルール」のアイデア ……………………………………… 62

第4章

子どもの心をガッチリつかむ！
出会いの日の
教室トーク

1　ジャガイモのように気持ちを真っ白にしよう！（5年）..........66

2　みんなで3つの約束をしよう！（5年）................................68

3　6年生を目指し，6年生を超えよう！（5年）......................70

4　1日1日を大切にしよう！（6年）....................................72

5　脱皮しよう！（6年）..74

6　小さなNo.1になろう！（6年）..76

第5章

クラスがギュッとまとまる！
学級づくりの
ゲーム＆アクティビティ

1　学級開き当日にできる短い活動❶（5年）..........................80

2　学級開き当日にできる短い活動❷（5年）..........................82

3　友だちづくりや学級づくりの活動❶（5年）......................84

4　友だちづくりや学級づくりの活動❷（5年）......................86

5　友だちづくりや学級づくりの活動❸（5年）......................88

6	学級開き当日にできる短い活動❶（6年）	90
7	学級開き当日にできる短い活動❷（6年）	92
8	友だちづくりや学級づくりの活動❶（6年）	94
9	友だちづくりや学級づくりの活動❷（6年）	96
10	友だちづくりや学級づくりの活動❸（6年）	98

第6章

クラスがどんどんうまくいく！
学級づくりの 工夫＆アイデア

1	「学級目標づくり」の工夫＆アイデア	102
2	「朝の会」の工夫＆アイデア	104
3	「給食当番」の工夫＆アイデア	106
4	「掃除当番」の工夫＆アイデア	108
5	「係活動」の工夫＆アイデア	110
6	「帰りの会」の工夫＆アイデア	112
7	「学級通信」の工夫＆アイデア	114
8	「連絡帳」の工夫＆アイデア	116
9	「はじめての保護者会」の工夫＆アイデア	118

第7章

パッと使えて効果絶大！
達人教師の
学級開き小ネタ集

1 5年生の小ネタ集 ………………………………… 122
2 6年生の小ネタ集 ………………………………… 126

第8章

「今すぐ何とかしたい！」を素早く解決！
学級開きの悩み
Q&A

1 子どもたち同士の関係はどう結べばよいですか… ……………… 132
2 話を聞くことができなくて，困っています… …………………… 134
3 子どもの顔と名前を一致させるのに苦労しています… …………… 136
4 「課題のある子」が気になります… ……………………………… 138
5 やることの多さに，優先順位がわからなくなります… ………… 140
6 当番のルールがバラバラ。どうしたらよいでしょうか… ……… 142
7 忘れ物が多く，どう指導したらよいか悩んでいます… ………… 144
8 質問が多すぎて，指導に時間がかかります… …………………… 146
9 どうしたら子どもの信頼を得られるのかわかりません… ……… 148

第1章
こうすれば絶対うまくいく！
学級開き成功のポイント

1　8割の子どもたちを味方につける！ …………………………………… 10
2　「決め手」を間違わない！ …………………………………………… 10
3　安心できる居場所づくり ……………………………………………… 11
4　縦糸・横糸をバランスよく張る ……………………………………… 12
5　リーダーシップを発揮する …………………………………………… 13
6　「学級づくり」は1か月で80%が決まる ……………………………… 13
7　目標達成法でルール定着を！ ………………………………………… 14

Chapter 1

8割の子どもたちを味方につける！

　学級が，1年間平穏に成立していくためには，最初にたった1つのことをすればいいです。
「8割の子どもたちを味方につけること」
　これはなんでしょうか？　どうすることでしょうか？
　「2：6：2の法則」というものがあります。この法則は，パレートの法則（80：20の法則）から派生したものだと言われています。
　学級に置き換えてみると，以下のようになります。最初の「2割」は，「真面目で，学級を引っ張っていく」子どもたち。次の「6割」は，中間派の子どもたち。最後の「2割」がやんちゃな子どもたちで，前向きになれない子どもたちが多く，その中の2〜3人が超やんちゃな子ども。だいたい，学級は，このような割合で構成されています。
　この法則を知らない先生が，最初にとる手立ては，この「超やんちゃ」への対応です。「この子どもたちをうまくクラスに引き入れていけば，このクラスは安泰だ！」と，ここが「決め手」だと考えます。だから，しょっちゅう注意し，叱り，あるいはほめ，励まし，しつこく指導します。けれど，うまくいきません。かえって反発されます。
　そうしているうちに，その「超やんちゃ」グループが2〜3人から7〜8人にふくれ上がります。学級は完全に機能不全の「荒れ」状態。荒れる学級は，だいたいこのような過程を経ています。

 「決め手」を間違わない！

　何が問題なのでしょうか？　「決め手」を間違えているのです。「決め手」は，「超やんちゃ」ではなく，最初は静かに座っている「6割」の子どもたちです。これがわかっていません。

この「6割」が，真面目派の「2割」に引き寄せられるか，それともやんちゃな「2割」に引っ張られるか，これが重要な「岐路」になります。もちろん，真面目派に引き寄せて「学級の8割の子どもたち」を味方につけることができれば，1年間安泰です。安定した学級経営ができます。

ここなのです。ここにすべてのエネルギーを注げばよいのです。

そのためには，どうすればよいのでしょうか。

3 安心できる居場所づくり

最初にやることがあります。それは，まず「8割の子どもたちが強く願っていること」を実現することです。しかし，この強い願いは，絶対に言葉に出てきません。なんでしょうか？

「学級を安心できる居場所にしてほしい」

「学級づくり」の目的は，この願いを実現することだと考えた方がいいです。それでは，「安心できる居場所」とは，どういう場所でしょうか。

---

①担任の先生が，リーダーシップを発揮して学級を引っ張っている。

②学級の仕組みがしっかりしていて，教室での「時間」がスムーズに流れている。

③学級のルールがきちんとしていて，学級を子どもが動かしている。

---

①は，担任のリーダーシップが問われます。いかに子どもたちと「関係」をうまくつくっていけるかにかかっています。（関係づくり）

②は，教室での1日がスムーズに流れるために，仕組みをどのようにつくっていくかにかかっています。（仕組みづくり）

③は，学級の秩序をいかにつくるかです。教室の「安心」をつくり出すには，「安定」した秩序が必要です。そのためには，きちんとした「ルール」が求められます。（集団づくり）

第1章 学級開き成功のポイント

私は，この3つをまとめて，「学級づくり3原則」と名づけました。この3原則を実践できれば，学級の基盤はでき上がります。（下には，その手立てを書いています）。

この基盤の上に，自分なりの「学級づくり」をつけ加えればいいのです。

学級づくり3原則		
関係づくり	仕組み づくり	集団づくり
縦糸・横糸 の教育学	3・7・30 の法則	群れを集団 へ 目標達成法 など

4 縦糸・横糸をバランスよく張る

教師として，子どもたちとどのように「関係づくり」をしていくかについて，「縦糸を張る」「横糸を張る」という考え方を示しています。「織物モデル」の考え方です。「織物」の縦糸張りと横糸張りに喩えて，子どもたちとの関係づくりをしようというものです。

縦糸とは：教師（教える存在）と子ども（学ぶ存在）との上下の関係づくり。返事，あいさつ，言葉づかい，学級内ルールなどの規律を確立して，教師と子どもの縦のつながりを生み出すこと。

横糸とは：教師と子どもとの心の通じ合い，子ども同士の通じ合い。一緒に遊ぶ。よい点を伝え，ほめ，励ます。笑い合い，伸びやかな雰囲気をつくり出す。子ども同士で教え合い，助け合い，学び合う，など。

2つをバランスよく張れれば，子どもとうまく関係づくりができます。

5 リーダーシップを発揮する

　初任者の先生は，最初から子どもたちにおもねってしまって，やさしさばかりを前面に出してしまうことがよくあります。「横糸」ばかりでかかわろうとします。最初は，子どもたちも歓迎してくれます。しかし，そのうちに，一部のやんちゃな子が勝手に振る舞い，どんどん関係が壊れていって，最後に学級全体が崩壊状態になります。6月頃にその状況が前面に出てきます。また，反面「縦糸」ばかりで厳しさを前面に出して，子どもとかかわろうとする先生もよくいます。これも，子どもたちから反発を買って，関係が壊れていきます。縦糸（厳しさ）と横糸（やさしさ・おもしろさ・楽しさ）の2つのバランスをとることがどうしても必要です。この2つがあるからこそ，子どもたちから信頼される教師になれるのです。これがリーダーシップを発揮するポイントです。

6 「学級づくり」は1か月で80％が決まる

　1か月で80％が決まります。1か月が勝負です。この4月の1か月で，「学級づくり」の80％が決まってしまうのです。のんびりと過ごしてしまうと，あとで悲惨な思いをします。そんな大切な時期に，何をすればいいのでしょうか。私は，この1か月を「3・7・30の法則」でつくり上げます（これは，私の造語です）。システム化した法則です。

　「3」とは3日間のこと，「7」とは1週間のこと，「30」とは，1か月のことです。この3つには，それぞれの課題があります。

「3」の法則〜出会いの3日間〜
　「今度の先生は楽しそうだ」「今度の先生は，おもしろそうだ」というイメージを与える。

第1章　学級開き成功のポイント　13

「7」の法則〜仕組みづくりの1週間〜
　朝，学校に来てから帰るまでの「学校での毎日」の仕事を決める。
「30」の法則〜繰り返し定着させる1か月〜
　つくり上げた仕組みを，何度も繰り返し指導して定着させる。

 目標達成法でルール定着を！

　学級を「安心できる居場所」にするためには，教室にちゃんとしたルールが息づいていなければなりません。4月の最初に，担任は「学校のきまり」や「クラスのルール」を説明します。「これからきちんと守っていきましょう」と子どもたちに伝えます。ここまでは，どの先生もすまされているでしょう。問題は，ここからです。

　どうしても必要になるメインのルールがあります。例えば，「授業が始まったらすぐに席につきましょう」というルールです。落ち着かなくなっているクラスは，これがうまくいっていません。教師がただうるさく注意するだけですませてきたのではないでしょうか。**ルール定着には，ちゃんとした鉄則があります。それは，「確認をきちんとする」ということです。**これをおろそかにするから，定着しないのです。まず，朝の会で，画用紙に「授業が始まったらすぐに席につきましょう」という目標を書いて提示します。趣旨説明をして，「がんばって守っていきましょう」と呼びかけます。終わりの会で，目標確認をします。クラスが35人ならば，32人以上守れたら合格にします（2〜3人は，必ずうっかりする子どもがいます。完璧目標にしないこと）。3日守れたら，「この目標達成！　おめでとう」と呼びかけます。このようにして，メインのルールを定着させていきます。このルールづくりは，私が提唱している「目標達成法」に引き継いでいけばいいです。「目標達成法」の実践は，『新卒教師時代を生き抜く学級づくり3原則』（明治図書，拙著）に詳しく載っています。　　　　　　　　　　　　　　（野中　信行）

第2章
春休み〜新年度1週間の動きがすべてわかる！
学級担任の新年度の仕事一覧

1　5年生担任の仕事 …………………………………………16
2　6年生担任の仕事 …………………………………………30

Chapter 2

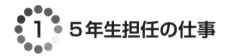

1　5年生担任の仕事

春休み

　5年生は6年生とともに高学年として行事や委員会活動，クラブ活動で中核を担う学年です。子どもたちは精神的に成長し，4年生までと比べると急に大人びた印象になります。学校での活動や約束についても「なぜ，それをするのか」理解したいという欲求が高まり，頭ごなしの指導には拒否反応を示すようになります。逆に，必要性や意義を理解することができれば，集団として取り組むことができ，大きな成果や喜びを共有できるのも5年生の特徴です。

　学級経営では，教師側からルールや活動を提示するだけでなく，「なぜ」と問いかけたり，自分たちで学級をよくするための活動を考えさせたりといった自分たちが主役だという意識を醸成しましょう。ただし，校内では高学年という立場上，手本になることも求められます。全校の中での高学年という立場も知らせながら，子どもたちが自分本位に陥らないように教師は目配りをしましょう。

　5年生の学習は内容が盛りだくさんです。特に，算数科は単元の数も多く，内容も倍数や約数，体積，単位量あたりの大きさなど，大切なものが多いです。高学年としての仕事や行事なども多い学年ですが，学習進度については4月から意識して遅れないように進めていくことが大切です。他教科についても今まで以上に中学校の学習内容とのかかわりが強くなります。子どもたちにも小学校の先を意識させながら，学習に取り組ませましょう。

　宿泊学習などの行事もある5年生は，学年単位の動きも活発です。生活指導や学習指導上も学年で方針や歩調を合わせることが子どもたちのためにも重要です。春休みには，上記の内容を意識しながら（子どもの実態に合わせて），学年で1年の動きの見通しをもち，基本方針を合わせましょう。

【学年体制で整えておくこと】

❶指導方針の確認

・校務分掌の年度末反省や引き継ぎ資料などから，新年度の学年経営方針の共通理解を図る。

・宿泊学習，学芸発表会などの大きな行事の役割分担を行っておく。過年度の資料を集めておく。

❷帳簿類の準備

・指導要録，健康診断表，歯科検診表，出席簿，児童名簿，氏名印，健康調査票，家庭環境調査票，通学経路図などを準備する。

・公簿となるもの，校内で統一して使用するものなどの取り扱いに注意する。

❸環境整備

・教室の清掃（床，窓，黒板，掲示板，ロッカー，教卓，廊下，掃除道具箱）。

・下駄箱，トイレや手洗い場などの清掃。

❹備品整備（教室用）

・蛍光灯，ロッカー，カーテン，机，イス，傘立て，黒板消し，チョークなどを準備する。

・学級の子どもに弱視の子がいないかを確認する。もし，弱視の子がいるようであれば，チョークは蛍光チョークを用意する。

❺名前シール

・下駄箱，机，イス，ロッカーに貼っておく。

❻学級編成名簿

・発表用に拡大版を用意する（学年で準備）。

第2章　学級担任の新年度の仕事一覧　17

❼学年通信

・学年の経営方針，学年教師集団の紹介をする。

❽黒板貼りつけ用名札（マグネットシート）

・準備時に机に配付する。

【学級担任として行っておくこと】

❶座席表

・番号順に指定する。教室入り口付近に掲示しておく。

❷学級通信

・ウェルカムメッセージ，担任の自己紹介など。

❸当面の予定表

・わかっているものをまとめておくとよい。１週間分の詳しい内容を予定表に記入しておく。

❹自己紹介カード

・初心を忘れないように，５年生としての気持ちや成長への思いなどを表現できるものにする。宿題として作成させ，回収後，掲示する。似顔絵などをかかせるのもよい。

❺学級掲示，飾りつけ

・華美にする必要はないが，前面の黒板には学級担任の思いを書いておくとよい。鉢植えの花などを用意すると教室が明るくなる。

❻担任紹介コメント

・学級開きの担任の自己紹介と学級に対する思いを考えておく。

❼その他の教室用グッズ

・学級の様々な場面で使用する教室用グッズを準備する。

・例えば，ハンドベル。授業や給食中など，何かの活動にストップをかけるときに大声より効果大。100円ショップで用意できる。

　ここであげた以外にも，春休みの準備で大切なことがあります。それは，ゴールイメージをもつことです。
　クラス替えで新たなスタートラインに立った5年生が行事や日常の様々な活動を通して，どんな姿で3月を迎えるのか。担任が5年生の最後の日の姿（理想像）を具体的にイメージしておくことが重要です。それにより，理想に近づくためのステップが見えるようになります。
　子どもたちとの日常が始まってしまうと，ゆっくりと戦略を練ることもできなくなります。こんなことも春休みの大切な準備と言えます。

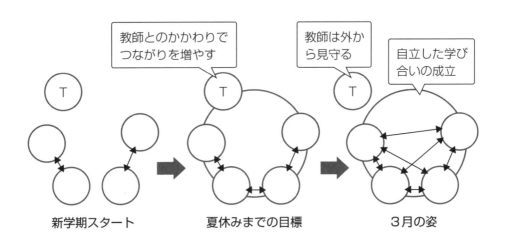

第2章　学級担任の新年度の仕事一覧　19

1日目

　いよいよ始業式の日を迎えました。子どもたちとのはじめての出会いの日ほど特別な日はありません。子どもたちはそのキラキラとした瞳で新しい担任の人となりをつかもうと必死になっています。

　一方，私たち教師にとっては出会いの日ほど忙しい日はありません。始業式，着任式，入学式とスケジュールは分刻みで進み，教室に戻れば息つく暇もなく，教科書や各種調査用紙などの山のような配付物に追われます。だからこそ事前に出会いの演出を準備しておきたいのです。

　出会いの演出では1年を過ごす担任に対して，楽しみだな，1年間やっていけそうだな，などのポジティブな期待感をもたせましょう。子どもをあっと驚かせる特技（スポーツ系のものやマジックなど）をもっていればそれを披露するのもよし。とっておきのおもしろい話があればそれを語ってもよし。お気に入りの絵本の読み聞かせを通して担任の学級に対する思いを語ってもよいでしょう。私が準備するのは自己紹介用のプレゼン資料と絵本です。

　プレゼンのスライドは自分の小さい頃の写真や前年度の子どもたちに書かせた「よいところ」や「気をつけた方がよいこと」などで構成します。子どもの頃の写真は今とのギャップで場を和ませることができます。「入学式の1年生かわいかったね。先生も1年生の頃かわいかったんだよ」。前年度の子どもたちの声はこれから過ごす1年をゆるやかにイメージさせるのに役立ちます。

　そして，このスライドは子どもたちに対してだけでなく，保護者懇談でも自己紹介用に再利用します。子どもたちとの会話がつなぎとなって，保護者とのコミュニケーションのきっかけにもなります。

　年度当初，保護者との関係ができていない時期だからこそ，子どもたちの後ろにいる親の顔も意識したいものです。

❶クラス発表（学級編成表の掲示）

・学年の先生と一緒に指定された場所に掲示する。

・発表後はきれいに取り外し，教室に運ぶ。氏名確認に使うことができるし，しばらく教室前廊下などに掲示しておくことで，お互いの名前を覚えることに役立つ。

❷始業式で子どもの前に立つ

・担任する子どもとの初対面なので，笑顔と元気な返事などを意識する。

・始業式を行った体育館などから教室まで先導する。転入生がいる場合は担当の教師とどのように対応するかを事前に打ち合わせておく。

❸座席・ロッカーなどの確認

・教室に戻ったら，自分の座席に着席させ，荷物がロッカーに入れられているかを確認する。後日，ロッカーの指定を行う場合，空いている場所に正しく入れられているかを見る。

・ジャンパーなどの上着類のかけ方からも子どもの実態をつかむことができる。気になる姿が見られた場合もこの日は強く指導せず，定点観測のポイントとして，翌日以降，観察と指導を続ける。

・前学年で一緒のクラスだった者同士でおしゃべりをする姿が見られることもあるが，高学年になったという緊張感をもたせておきたい。

❹入学式に臨む心構えをつくる

・子どもに入学式の流れや意義，時間などを簡単に説明する。

・高学年として新1年生をどのような気持ちで迎えるのがよいか，どんな姿で式に臨むと1年生の保護者が安心するかを考えさせる。

❺教室ではじめての学級活動

・担任の自己紹介と進級を祝う簡単なあいさつをする。第一印象が1年間を左右するくらいの気持ちで，高学年らしく凛とした雰囲気の中にも明るさ，温かさが感じられるようにする。

・子どもの呼名，漢字などの表記を確認する。出席番号を知らせる。返事の声の大きさや反応の様子を覚えるようにしておく。

・今週の予定を説明する。学年で作成した時間割を手元に置かせながら，確認するとよい。

❻配付物と提出物の確認

・教科書を配付する。乱丁・落丁などがないか確認し，家で記名してくることを指示する。

・提出物については，提出期限を確認し，記名することを指示する。

・配付時に「どうぞ」「ありがとう」などの言葉かけの大切さを伝え，実行させてみる。年度はじめの素直な時期に取り組ませると浸透させやすい。また，教室の雰囲気も温かになる。

2日目

　新学期１日目は，クラス替え，新しい教室，新しい担任，始業式，入学式，たくさんの配付物と子どもにも担任にも慌ただしい１日でした。

　２日目の今日，本格的な授業にはまだ入りませんが，新しい学級での生活がいよいよ始まります。始業式からの３日間は黄金の３日間などと言われるように，１年の中で最も大切です。最初の３日間で子どもとの心理的な距離を縮め，新しい担任との１年間にポジティブなイメージをもてるように心がけましょう。

　また，学級経営の核となる部分の指導をしっかりと行うとともに，同時進行で毎日の生活を安定的に行えるようなシステムを確立することが大切です。

　学級の核として，例えば，次のようなことを繰り返し伝え，担任が大事にしていることを理解させます。

---

①仲間を大切にする：認め合い，助け合い，応援，一生懸命を笑わない。
②学ぶことを大切にする：続ける，ていねい，手を抜かない，真面目。
③高いレベルを目指し，やり抜くことを大切にする。

　５年生は集団とのかかわり方も中学年までとは変わってきます。また，思春期にさしかかる子どもたちの中には，勉強を面倒がったり，真面目さを馬鹿にしたりといった態度をとる子も出てきます。

　そういった子たちの先手をとって，仲間を大事にすることや学ぶことを大事にすることの大切さ，必要性を担任が語り，高いレベルを目指すことで成長するよさを学級で共有しましょう。

　教室の中が安全で安心できる場所（いじめなどのトラブルがない）でなければ，それよりも上位の欲求である「認められたい」「できるようになりたい」といった欲求は起きません。年度当初は子どもたちが新しい学級，担任に慣れ，安心感を抱けるような学級経営，言葉かけを意識しましょう。

第２章　学級担任の新年度の仕事一覧　23

❶登校指導

・児童玄関または教室で子どもを迎える。さわやかなあいさつをする。下駄箱の使い方，上履きの履き方や着衣の乱れがないかをチェックし，必要な指導を短く行う。下駄箱に入れる靴はかかとを揃えるように置かせる。

❷整理整頓

・自分の下駄箱，ロッカーの確認をさせ，荷物を整理して靴やかばんを入れさせる。望ましい状態を全員で確認し，見た目の美しさや効率のよさを確認しながら指導する。

❸提出物回収

・昨日配付した家庭環境調査票や保健調査票などの回収。忘れた場合は，頭ごなしに叱らず，理由を聞く（家庭の事情による場合もあるので）。

・黒板前に机などを置き，予備のプリントを入れたＡ４のカゴなどを用意しておき，自分で入れさせるとよい。

❹自己紹介

・学級解体のあった学年は自己紹介を行う。初日に宿題とした自己紹介カードを利用して行うと，話すことが苦手な子の抵抗感を下げることができる。身体接触の少ないゲームから関係づくりを始めるとよい。

❺学級での１日の過ごし方

・学級での１日の過ごし方について朝，休み時間，放課後など具体的な場面ごとに伝える。前年度までとの違いがある場合は担任が決めることを宣言し，なぜそうするのか理由を伝える。

❻整列指導

・背の順（計測前までの仮）を確定する。着席の状態から黙って廊下に整列する練習をする。年度当初，健康診断などで教室移動する機会が多くある。仮のものでも早めに決めておく。その際，30秒以内など整列の時間の目安を伝えて行う。

❼給食当番指導

・給食当番のシステムの確認をする。配膳の仕方（一方通行で行う），盛りつけ方（量の調整は後から行う），待ち方（立ち歩きをしない），おかわりや片づけ開始の時刻を伝える。

❽掃除当番指導

・掃除当番のシステムの確認をする。掃除区域とそれぞれの掃除の仕方を確認する。ほうきのかけ方なども指導する。最初の1週間は担任がそれぞれの掃除区域を回り，見本を見せながら指導を行う。

【2日目の時間割例】

1限	学級活動	自己紹介・コミュニケーションゲーム・日直当番の確認・教室の使い方・背の順と廊下への並び方
2限	視力検査	教室移動・視力検査
3限	算数	4年生の学習確認テスト・テストの受け方
4限	学級活動	給食当番の確認・配膳の仕方・片づけの仕方 時間配分の確認
5限	学級活動	掃除区域の確認・区域ごとの掃除の仕方 道具の使い方・掃除の時間の確認

3日目

　教科の授業が始まりますが，最初は教科書を進めることよりも子どもの実態をつかむこと，学習規律を指導することから始めます。特に，学習規律は最初に指導しておかないと後からの指導では修正が難しくなります。

　授業中の姿勢，返事，手のあげ方，机の上に出すものとその置き方，机の中の整理の仕方など，5年生であっても1つずつ確認し，どのような姿が高学年らしいのかを子どもたちに問いかけながら指導しましょう。

　校内の動きから，委員会の子どもを決定することも早い段階で求められます。しかし，新しい学級がスタートしたばかりの時期，お互いに牽制し合ってなかなか立候補が出ないということも予想されます。そこで，担任から，だれでもできること，担任もフォローすること，一生懸命な友だちは応援しよう，などと安心して立候補できるような声かけをすることが大切です。

　同時に学級の組織についても考えさせていきましょう。学級会を進行する議長などのポストを置くことで，自分たちのクラスを自分たちでつくっていくという意識をもたせることができます。児童委員会の立候補を呼びかける際，学級議長などについても伝えておきましょう。後出しになると，意欲のある子どもの気持ちをそいでしまうことになります。

　当番や委員会と違って係活動は学級の生活が落ち着いてからでも充分に対応できるものなので焦らないようにします。

❶日直当番の仕事始動

・当番の回し方は出席番号順や座席順など担任が決める。朝の会などの進行は担任がフォローをしながら，仕事の仕方を全体に伝える。

❷自己紹介カード

・2日目でも使用したカードを集約して，得意なこと，好きなことから児童名を当てるゲームを行う。自己紹介し合ったペアが解答できたらほめる。

❸机上の整理，ノートの使い方

・授業では，教科書の内容を進めることよりも授業の受け方のような学習規律の指導をまず行う。すべての授業の土台となる部分なので，前年度までの学級間であったズレなどを修正し，統一した指導ができるようにする。学年での統一が大切。

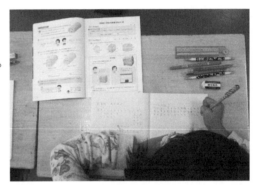

【3日目の時間割例】

1限	国語	4年生の学習確認テスト・テストの受け方
2限	道徳	今の自分自身を見つめ，なりたい自分を考える
3限	家庭科	オリエンテーション
4限	算数	オリエンテーション・学習規律の確認 教科書，ノートの使い方の確認
給食		給食当番活動・給食のマナー指導
5限	学級活動	学級役員及び委員会の決定

4日目

　授業の受け方や休み時間の過ごし方，給食や掃除などの当番についての指導が一通り終わった4日目からは，指導した内容がきちんと実行されているかをチェックする1週間が始まります。

　ここでの確認を怠ると子どもたちの取り組み方にズレが生じたり，やんちゃな子たちの間でルールの逸脱が見られたりします。これらを放っておくと，やがて大きなほころびとなり，取り返しのつかない状態になります。まず，大切なことは学級のシステムを安定させることです。

　新しい学年に上がったばかりの子どもたちは素直な気持ちで担任の話に耳を傾けます。ちょっとした「はみ出し」は，やさしく，けれど毅然とストップをかけ，正しい形に直させていくことが大事です。

　例えば、イスの座り方では足元にも注意を向けさせます。足を床に下ろさなければ座り方が崩れるからです。このようなチェックポイントを担任がいくつかもち，3日間の指導が守られているか確認し，不備や不十分な点があれば修正したり補ったりしましょう。

【4日目の時間割例】

1限	国語	オリエンテーション・音読の仕方・学習規律
2限	算数	教科書の内容・ノートの使い方・学習規律
3限	社会	オリエンテーション・ノートの使い方・学習規律
4限	図工	オリエンテーション・図工室の使い方・廊下歩行
給食		給食当番活動・給食のマナー指導
5限	総合	オリエンテーション・ＰＣ室の使い方・廊下歩行
6限	学級活動	5年生の3日間を振り返る，5年生のめあて

5日目

　教室での5日目。システムの定着にはまだ時間がかかります。細かな指導事項を書き出し，繰り返し指導できたもの，不十分なものをチェックしてみましょう。必要な指導をしながらも「みんなのことを思っているよ」「みんなが大好きだよ」というメッセージを発し，信頼関係をつくることも意識しましょう。高学年では子どもとの適度な距離感を保ちながらも，休み時間などに気軽に話しかけたり，遊んだりできる関係になっておくことが大切です。

□あいさつ指導 □筆箱の中身指導 □雑巾や紅白帽子などは揃っているか □ハンカチ，ちりがみ □机の中，ロッカーの整頓指導 □机上の準備，授業中，片づけ □休み時間の過ごし方（全員遊び） □読書の時間の指導 □教師が教室にいないときの過ごし方 □落とし物指導 □机，イスの整頓指導	□給食指導（準備，食べ方，おかわり，片づけ） □掃除指導（分担,清掃の仕方,反省） □ノート指導 □廊下歩行指導（教室移動，休憩時） □整列指導 □家庭学習 □忘れ物をしたときの指導 □放課後（いじめをしない，万引きしない，迷惑をかけない，の3つは帰りの会でしばらく言い続ける）

【5日目の時間割例】

1限	国語	音読・教科書の内容・ノートの使い方・学習規律
2限	学力テスト	テストの受け方・最後まであきらめない
3限	学力テスト	終わった後の見直しの徹底
4限	算数	教科書の内容・ノートの使い方・学習規律
給食		給食当番活動・給食のマナー指導
5限	体育	オリエンテーション・集団行動

第2章　学級担任の新年度の仕事一覧　29

2 6年生担任の仕事

春休み

　6年生は小学校の最高学年として行事や委員会，クラブなど様々な場面でリーダーシップを発揮することを求められます。全校の先頭に立つという覚悟をもたせるとともに，「最高学年だからみんながついてくるわけではない」「だれからも愛される，憧れられる6年生になろう」というように自分たち自身の成長が必要だという点に気づかせたいものです。

　学級経営では，5年生の1年間で使用した学級システムを引き継ぐことができます。ただし，5年生時に不具合のあった箇所は見直し，年度はじめに修正することが必要です。また，6年生は入学式の準備作業や1年生のお世話など，これまでになかった仕事が入ってきます。それらを含めて，生活の進め方の点検と当面の学級の動きを計画しましょう。

　6年生の子どもには中学校を意識させながら学習に取り組ませたいです。社会や理科は覚える語句が増えます。そこで，「中学校での学習にも役立つから，しっかりと身につけよう」というように意欲を喚起しながら取り組ませましょう。算数や国語は6年生の学習内容だけでなく，前学年までに学習した内容が身についているかもチェック（小学校の学習の総点検）しながら適宜，振り返ることが大切です。ローマ字や計算技能の不徹底は，中学校に進学したときに子どもたちにとって大きなマイナスとなります。

　また，すべての活動に「小学校生活最後」という冠がつきます。子どもたちが楽しみにしている修学旅行もあります。子どもや保護者にとって，6年生の1年間が後からいい思い出として振り返られるように，春休みのうちに卒業までに取り組む内容に目を通しておきましょう。学校のリーダーとしての活動に加えて，自分たちの活動を充実させることも求められるので，春休み中に1年の動きを見通しておくことが重要です。

【学年体制で整えておくこと】

❶指導方針の確認

- 校務分掌の年度末反省や引き継ぎ資料などから，新年度の学年経営方針の共通理解を図る。
- 修学旅行や卒業式，卒業アルバム担当などの大きな行事の役割分担を行っておく。過年度の資料を集めておく。

❷帳簿類の準備

- 指導要録，健康診断表，歯科検診表，出席簿，児童名簿，氏名印，健康調査票，家庭環境調査票，通学経路図などを準備する。
- 公簿となるもの，校内で統一して使用するものなどの取り扱いに注意する。

❸環境整備

- 教室の清掃（床，窓，黒板，掲示板，ロッカー，教卓，廊下，掃除道具箱）。
- 下駄箱，トイレや手洗い場などの清掃。

❹備品整備（教室用）

- 蛍光灯，ロッカー，カーテン，机，イス，傘立て，黒板消し，チョークなどを準備する。
- 学級の子どもに弱視の子がいないかを確認する。もし，弱視の子がいるようであれば，チョークは蛍光チョークを用意する。

❺名前シール

- 下駄箱，机，イス，ロッカーに貼っておく。

❻学年通信

- 学年の経営方針，学年教師集団の紹介をする。

❼黒板貼りつけ用名札（マグネットシート）

・準備時に机に配付する。

【学級担任として行っておくこと】

❶座席表

・番号順に指定する。教室入り口付近に掲示しておく。

❷学級通信

・ウェルカムメッセージ，担任の自己紹介など。

❸当面の予定表

・わかっているものをまとめておくとよい。１週間分の詳しい内容を予定表に記入しておく。

❹今の私→１年後の私カード

・初心を忘れないように，６年生としての気持ちや成長への思いなどを表現できるものにする。作成したものは，回収後，掲示する。似顔絵などをかかせるのもよい。

❺学級掲示，飾りつけ

・華美にする必要はないが，前面の黒板には学級担任の思いを書いておくとよい。鉢植えの花などを用意すると教室が明るくなる。

❻担任紹介コメント

・学級開きの担任の自己紹介と学級に対する思いを考えておく。

❼その他の教室用グッズ

・学級の様々な場面で使用する教室用グッズを準備する。

・教室の中に自分たちで自由に表現できるコーナーがあると教室の雰囲気が温かになる。例えば，黒板シールを使うと，掲示板を簡易黒板に変えて子どもたちの連絡コーナーとして使用できる。

　６年生のゴールは卒業式です。どんな姿で卒業式の会場に座っているのか。卒業を目前に控えた教室ではどのような姿か。休み時間はどのように友だちと遊んでいるのか。これらの姿をできるだけ具体的にイメージし，ここに近づくための指導を行いましょう。

　具体的にイメージすることで，学級開きの指導が変わります。６年生のゴールは他学年とは明らかに異なります。小学校の卒業，中学校への進学を意識することで，持ち上がりの学級であっても適度な緊張感をもちながら，小学校生活最後の１年のスタートをきれるようにしましょう。

1日目

　始業式の日を迎えました。6年生は前担任が異動するなどで交代することはあっても学級は持ち上がります。しかし，子どもたちは新しい学年のスタートに期待と不安でドキドキしながら登校してきます。

　6年生は入学式のお手伝いや1年生のお世話を頼まれることも多く，場合によっては何名かが学級から抜けて1年生の教室に行くこともあります。

　全体の様子を確認しながら，入学式会場へのイス移動や教科書や学年・学級通信の配付忘れがないようにしっかりと確認をしましょう。

　教室に戻ってからは，お手伝いの様子や入学式での態度などをほめ，今までとは違う6年生としての自覚を促します。

　担任の思いの中にも小学校生活最後の1年をどのようなクラスにしたいか，どんな1年を過ごしたいか，などの小学校生活最後の年だということを強調するメッセージを入れ，適度な緊張感をもたせます。ただし，年度はじめなのでプレッシャーをかけすぎるのは禁物です。少しずつ成長していこう，という見通しをもたせます。

　帰りの会では，2日目以降，翌日からの朝の時間の過ごし方を伝えます。朝の時間に1年生のお世話などが入ることもあるので，その場合は通常とは異なる朝の時間の過ごし方，当番の回り方を確認してから下校させます。

❶座席表
・黒板または廊下に座席表を貼り，指定された自分の座席に着席できるようにする。

❷始業式で子どもの前に立つ
・持ち上がりの場合も笑顔と元気な返事を意識する。

・始業式を行った体育館などから教室まで先導する。転入生がいる場合は担当の教師とどのように対応するかを事前に打ち合わせておく。

❸座席・ロッカーなどの確認
・教室に戻ったら，自分の座席に着席させ，荷物がロッカーに入れられているかを確認する。後日，ロッカーの指定を行う場合，空いている場所に正しく入れられているかを見る。

・ジャンパーなどの上着類のかけ方からも子どもの実態をつかむことができる。気になる姿が見られた場合もこの日は強く指導せず，定点観測のポイントとして，翌日以降，観察と指導を続ける。

・おしゃべりをする姿が見られることもあるが，６年生になったという緊張感をもたせておきたい。

❹入学式に臨む心構えをつくる
・子どもに入学式の流れや意義，時間などを簡単に説明する。

・6年生として新1年生をどのような気持ちで迎えるのがよいか，どんな姿で式に臨むと1年生の保護者が安心するかを考えさせる。

❺教室での学級活動

・進級を祝う簡単なあいさつ，最高学年となったことを自覚させる話をする。凛とした雰囲気の中にも明るさ，温かさを感じられるようにする。

・子どもの呼名。返事の声の大きさや反応の様子を覚えるようにしておく。卒業式での返事が小学校で最後に名前を呼ばれる機会であることも伝え，直前になって慌てて練習をするのではなく，毎日の生活の中で少しずつよくしていくことを確認する。

・今週の予定を説明する。学年で作成した時間割を手元に置かせながら，確認するとよい。

❻配付物と提出物の確認

・教科書を配付する。乱丁・落丁などがないか確認し，家で記名してくることを指示する。

・提出物については，提出期限を確認し，記名することを指示する。

・配付時に「どうぞ」「ありがとう」などの言葉かけの大切さを伝え，実行させてみる。年度はじめの素直な時期に取り組ませると浸透させやすい。また，教室の雰囲気も温かになる。

2日目

　新学期１日目は，持ち上がりの学級でも始業式，入学式，たくさんの配付物と分刻みのスケジュールです。子どもにとっても，担任にとっても慌ただしい１日でした。

　２日目の今日，本格的な授業にはまだ入りませんが，新しい学級での生活がいよいよ始まります。持ち上がりの学級なので，学級のシステムについては簡単な確認だけで子どもたちは動くことができるでしょう。春休みの点検で修正や補足があればこのタイミングで一斉指導を行います。

　ただし，学級のシステムがすでにあるとしても，それがすべて適切に行われているかは，チェックが必要です。担任の交代がない場合，慣れからいい加減になるのも早いものです。新しい学年という新鮮な気持ちがあるうちに，リセットすべき所はゼロに戻し，約束の徹底を行いましょう。

□あいさつ指導

□筆箱の中身指導

□雑巾や紅白帽子などは揃っているか

□ハンカチ，ちりがみ

□机の中，ロッカーの整頓指導

□机上の準備，授業中，片づけ

□休み時間の過ごし方（全員遊び）

□読書の時間の指導

□教師が教室にいないときの過ごし方

□落とし物指導

□机，イスの整頓指導

□給食指導（準備，食べ方，おかわり，片づけ）

□掃除指導（分担，清掃の仕方，反省）

□ノート指導

□廊下歩行指導（教室移動，休憩時）

□整列指導

□家庭学習

□忘れ物をしたときの指導

□放課後（いじめをしない，万引きしない，迷惑をかけない，の３つは帰りの会でしばらく言い続ける）

　指導に当たっては，なぜそうするのか，理由をきちんと説明することが大切です。頭ごなしの指導では子どもの心が離れるのが高学年です。

❶登校指導
・児童玄関または教室で子どもを迎える。さわやかなあいさつをする。下駄箱の使い方，上履きの履き方や着衣の乱れがないかをチェックし，必要な指導を短く行う。下駄箱に入れる靴はかかとを揃えるように置かせる。

❷整理整頓
・自分の下駄箱，ロッカーの確認をさせ，荷物を整理して靴やかばんを入れさせる。望ましい状態を全員で確認し，見た目の美しさや効率のよさを確認しながら指導する。

❸提出物回収
・昨日配付した家庭環境調査票や保健調査票などの回収。忘れた場合は，頭ごなしに叱らず，理由を聞く（家庭の事情による場合もあるので）。

・黒板前に机などを置き，予備のプリントを入れたＡ４のカゴなどを用意しておき，自分で入れさせるとよい。

❹コミュニケーションゲーム
・持ち上がりの学級であっても学級開きは温かな雰囲気をつくるためのゲームなどを行う。ゲームを通して気持ちのよいかかわり方や間違いや失敗を気にしない雰囲気，子ども同士のつながりを広げることを意識させる。

❺今の私→１年後の私カード
・今の自分自身の振り返りと１年後にこうありたいという自分像を書かせる。回収して個人目標や卒業前に１年間を振り返るために利用する。

❻学級での１日の過ごし方

・学級での１日の過ごし方について朝，休み時間，放課後など具体的な場面ごとに伝える。前年度のシステムを引き継ぐ場合は簡単に，ただしその後のチェックは確実に。前年度からの変更がある場合，必ず，全員に対して変更点とその理由を伝える。

❼整列指導

・背の順（測定前までの仮）を確定する。着席の状態から黙って廊下に整列する練習をする。年度当初，教室移動する機会が多くある。仮のものでも早めに決めておく。その際，30秒以内など整列の時間の目安を伝えて行う。

❽給食当番指導

・給食当番のシステムの確認をする。配膳・盛りつけ方・待ち方・おかわり・片づけなど，持ち上がりであっても最初の指導はしっかりと行う。

❾掃除当番指導

・掃除当番のシステムの確認をする。掃除区域とそれぞれの掃除の仕方を確認する。給食当番と同様に持ち上がりであっても最初の指導はしっかりと行う。

【２日目の時間割例】

1限	学級活動	コミュニケーションゲーム・日直当番の確認 教室の使い方・背の順と廊下への並び方
2限	国語	５年生の学習確認テスト・テストの受け方
3限	算数	５年生の学習確認テスト・テストの受け方
4限	学級活動	今の私→１年後の私カード・給食当番の確認
5限	学級活動	１年生のお世話の確認・掃除区域の確認・区域ごとの掃除の仕方・道具の使い方・掃除時間の確認

3日目

　教科の授業が始まります。持ち上がりの学級の場合，すぐに教科書の内容に入ることもできますが，学習規律の指導はていねいに行います。5年生の後半で乱れが見られた場合はリセットのチャンスです。そうでない場合も，最初の指導をていねいに行うことで，その後の指導が楽になります。

　授業中の姿勢，返事，手のあげ方，机の上に出すものとその置き方，机の中の整理の仕方など，1つ1つを再確認しましょう。ここでも「6年生として全校から憧れられるのはどんな姿だろう」と最高学年であることの自覚とプライドを刺激しながら行うことで，意識を高くもつことができます。

　ノートは校内や学年での約束がある場合，そこに合わせながらていねいさとスピードを意識した指導を行います。中学校では教科によってノートに書く量が倍以上にもなります。素早く板書を写す力を意識させるような言葉かけも行っていくとよいでしょう。

　お互いの関係への慣れから，授業中に友だちの発言を笑うような子がいたら，すかさず指導します。「一生懸命がんばった友だちを笑ってはいけないよ。笑われた人はがんばったのに嫌な気持ちになるでしょ。次からどうなる？　がんばりたいと思えなくなるでしょ。先生は，この教室をそんな場所にはしたくないのです。みんなはどうなの？　間違いを笑うクラス，お互いにフォローし合うクラス，どちらがいいと思う？」。6年生は修学旅行があります。子どもたち同士の横の関係を大事にできるような声かけも早い時期から意識しましょう。

❶学習道具類の確認

・筆箱の中身，日常的に使用する道具類などが揃っているかを確認する。

・班でチェックをさせるなどして，確実に全員揃うまで指導を続ける。

❷生活時間の見直し

・学校での生活時間の確認と，あわせて家での過ごし方についても確認する。

・家庭学習の時間や就寝・起床時刻などを振り返らせる。アンケートなどをとっておき，年度はじめの参観日に保護者にも啓発するとよい。

❸机上の整理，ノートの使い方

・授業では，まず学習道具の準備の仕方，授業の受け方，ノートのとり方のような学習規律の指導を行う。すべての授業の土台となる部分なので，ルーズになっている部分を正し，学年で指導を統一する。

❹委員会，学級組織の決定

・委員会や学級組織の決定。校内的な動きが関係するものから決めていく。

【3日目の時間割例】

1限	国語	オリエンテーション・音読の仕方・学習規律
2限	道徳	今の自分自身を見つめ，なりたい自分を考える
3限	家庭科	オリエンテーション
4限	算数	オリエンテーション・学習規律の確認 教科書，ノートの使い方の確認
給食		給食当番活動・給食のマナー指導
5限	学級活動	学級役員及び委員会の決定

第2章 学級担任の新年度の仕事一覧　41

4日目

　学級内の様々なシステムや学習規律の指導が一通り終わった4日目からは指導事項がきちんと実行されているかをチェックします。ここをおろそかにして，後から修正が必要になった場合，その労力はかなりのものです。当たり前のことを当たり前にできるようにするためにも，指導だけしてその後のチェックをないがしろにしないようにしましょう。

　また，児童委員会などの組織が決まっていれば，休み時間などを利用して，隣の学級の委員との顔合わせを行い，委員長などの三役についても事前に相談させておくと，委員会の運営がスムーズになります。年度当初は，様々な活動が錯綜します。このような打ち合わせは委員会の活動に見通しをもたせるとともに，6年生としての自覚を促すことにもつながります。

　持ち上がりの学級であれば，前年度の組織を基本に係などを決めることができます。委員会など全校にかかわるもの，係のように学級の中で行うもの，それぞれの役割と意義を確認して係を考えさせましょう。その際，学級に掲示するポスターはていねいにかかせるようにしましょう。活動内容は後から修正が可能ですが，一度貼った掲示物を直す機会は少ないものです。チェックの甘さは悪しきヒドゥンカリキュラムとなることを意識しましょう。

【4日目の時間割例】

1限	国語	音読の仕方・教科書の確認・ノートの使い方 学習規律
2限	算数	ノートの使い方・学習規律
3限	社会	オリエンテーション・ノートの使い方・学習規律
4限	図工	オリエンテーション・図工室の使い方・廊下歩行
給食		給食当番活動・給食のマナー指導
5限	総合	オリエンテーション・PC室の使い方・廊下歩行
6限	学級活動	学級の係を決める

5日目

　教室での5日目。持ち上がりの学級であれば学級のシステムが軌道に乗り，子どもたちは1年生のお世話などの6年生の仕事にも慣れてきた頃です。

　そんなときだからこそ，細かなところに注意してルールやシステムの徹底を図りましょう。机は隣同士でぴたっとくっついているか，前後左右は揃っているか，給食のストローは充分な量が補充されているか，また，その仕事はだれが行うべきかを全員が知っているか，などです。

　一見，学級がうまく動いているように見えても，細かな部分での不満や停滞がその後に影響を及ぼします。運動会などの特別な行事への取組が始まる前に，落ち着いた生活ができるように細部まで整えましょう。

【5日目の時間割例】

1限	国語	音読・ノートの使い方・学習規律
2限	学力テスト	テストの受け方・最後まであきらめない
3限	学力テスト	終わった後の見直しの徹底
4限	算数	教科書の内容・ノートの使い方・学習規律
給食		給食当番活動・給食のマナー指導
5限	体育	オリエンテーション・集団行動

（山本　和彦）

第3章
小さな工夫が大きな差を生む！
学級開きを成功に導くアイデア

1 「学級目標」のアイデア❶ …………………46
2 「学級目標」のアイデア❷ …………………48
3 「自己紹介カード」のアイデア❶ ……………50
4 「自己紹介カード」のアイデア❷ ……………52
5 「おたより・予定表」のアイデア ……………54
6 「給食当番」のアイデア ………………………56
7 「掃除当番」のアイデア ………………………58
8 「係活動」のアイデア …………………………60
9 「学習ルール」のアイデア ……………………62

Chapter 3

1 「学級目標」のアイデア❶

進化する学級マークで
成長する学級にしよう！

　この学級目標は，教室前面には掲示しません。学期ごとに目標を振り返り，意図的に学級目標のマーク（学級マーク）を進化させることで，子どもたちの意識を高めていきます。

学級目標をマークで表す

　Ａ４の紙に，１学期は「目標に向かって歩く人」，２学期は「走る人」，３学期は「ゴールして喜ぶ人」など，象徴するマークの輪郭をかきます。まず１学期分の紙を模造紙の大きさに拡大したものを２枚用意します。拡大した１枚は掲示用，もう１枚は，マークを輪郭にそって切り，人数分に切り分けます。学級目標を模造紙の上段に書き，その目標を実現するために「友だちに声をかける」「自分のやるべきことをする」など，１学期に自分が目標にしたいことを，切り分けた紙を配って子どもたちに具体的に書かせ，マークの輪郭の中に貼ります。自分たちの目標で学級のマークができ上がります。

マークの成長とともに個人が成長する

　１学期の終わりには，自分の目標を振り返り，できたら青，もう少しだったら黄，まだまだだったら赤を塗ります。２学期，３学期は，その色を基に目標を立て直します。自分の目標の修正は希望に応じて，学期の途中にしてもよいでしょう。立てっぱなしではなく，子どもの成長を促す進化する学級目標になります。

（髙島英公子）

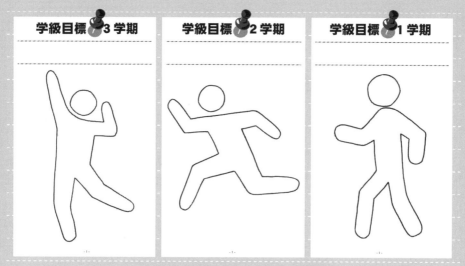

各学期の学級目標のマークをかいた模造紙

それぞれのマークの中に子どもたちが目標を書きます

第3章 学級開きを成功に導くアイデア

2 「学級目標」のアイデア❷

風景や飾りにしない，学級の「成長ワード」にしよう！

　学級目標を教室に掲示するクラスは多いはずです。学級目標を「成長を促すキーワード」とし，風化させず，年間を通して常に立ち返られるものにしましょう。学級目標を決めるときは子どもたちの実態に合わせ，学級の成長に必要な言葉を組み合わせましょう。言葉に命がふき込まれ，子どもたちにとっても担任にとっても「こだわり」のある目標になるはずです。

「○○し合う」「○○し合い」から考える

　学級にあふれさせたい「○○し合う」を考えます。「声をかけ合う」や「信じ合い」などです。その中から子どもたちと言葉を選び，組み立て，目標を決めていきます。学習面と生活面など，実態に応じて複数の目標を立ててもよいでしょう。新しい言葉が生み出されたら，必要に応じて加えます。

　大切なのは，子どもたちの願いに合わせ，１年間意識し続けられる目標にすることです。３月を見据え，焦らずじっくりと考えたいものです。

学級の人数に担任「１人」を加える

　学級目標の文末は，「～し合う○人」「～な○人」のようにします。子どもたちの人数が25人の場合は26人とします。担任も１人としてカウントし，人数に入れるのです。我々担任も同じ学級で１年間過ごすわけですから，覚悟をもってその１人に加わるべきだと考えています。学級目標は，子どもたちにとっても担任にとっても「成長ワード」なのです。　　　　（古舘　良純）

子どもの心を大切にし，○○し合うについて，みんなで考え合います

学級目標候補をいくつか考えます

「全員で」にこだわり、歴史を積みあげる26人　一人も見捨てず成長し合い仲間と喜びを分かち合う26人

完成した学級目標。学年目標との関連も大切にします

第3章　学級開きを成功に導くアイデア　49

3 「自己紹介カード」のアイデア❶

「らしさ」が発揮される
「漢字一字」紹介をしよう！

　誕生日や好きな教科などを書くことが多い自己紹介カード。その中に，今年の漢字一字を選ばせ，理由を書かせてみましょう。その子「らしさ」が発揮される内容になります。子どもたちの気持ちに教師も熱くなるはずです。

今年度，がんばりたいことを「漢字一字」で表そう

　6年生になると，子どもたちは多くの漢字を学んでいます。その漢字のもつ意味を考えることもできます。漢字一字を選ばせると，一人ひとりが友だちとの違いを出したいと思うので，自然にその子らしさが発揮される内容になります。内容や実施日を事前に伝えておくと，家で考えてきたり，より深い意味を見出したりします。本学級では，年度はじめの書写の時間にその漢字一字を書き，掲示もしました。掲示物など，人の目に触れるものほどその子らしさを発揮させ，子どもたち一人ひとりを輝かせたいと考えています。

「漢字一字」シリーズで，年間を通して自己紹介をしよう

　自己紹介は，年度はじめ以外に行ってもよいと考えています。漢字一字の取組は，「運動会のテーマにしたい漢字一字」など，行事に合わせて使うこともでき，「そのときどきの自分の気持ちを紹介」することにも使えます。その際，どの漢字にするかも大切ですが，どんな意味を見出しているのかという点も大切にします。子どもたちが，漢字に自分の気持ちを乗せる。それが，その子「らしさ」を発揮する一歩になるはずです。　　　（古舘　良純）

書写の時間に書いた「漢字一字」

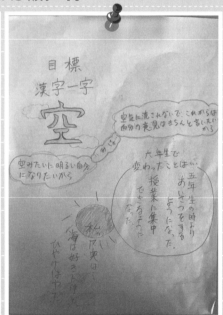

白紙の状態からそれぞれがつくった自己紹介カード

第3章 学級開きを成功に導くアイデア

4 「自己紹介カード」のアイデア❷

「自己紹介カード」で
メンバーの一員になろう！

　互いをより知るための手立てとして，自己紹介カードを活用しましょう。楽しくできるので，自然と人と違うことを肯定的に認めることができます。

自分の紹介＝自己開示

　最初に「人は，一人ひとり違います。自己紹介カードを書くことで，お互いの違いを認め合い個性あふれるクラスにしましょう」と教師が言います。書いてあることを基にだれのものか当てるゲームをすることを告げ，人に知られたくないことは書かなくてよいことを確認します。書き終わったら2～3日掲示します。全員共通で書くことは，「名前，誕生日，〇年生になってがんばりたいこと，みんなにひとこと」，その他，次の中から4つ選んで書きます。「好きな〇〇（A　食べ物，B　色，C　動物，D　教科，E　スポーツ，F　テレビ番組，G　マンガ，H　芸能人などの中から選ぶ），I　最近うれしかったこと，J　自分の得意なこと，K　将来の夢　など」

「私は，だれでしょう」

　2～3日掲示した後，すべて外し，朝や帰りの会などに4～5人ずつ，書いてある内容からだれか当てるゲームをします。前もってゲームをすることを言ってあるので，掲示してある内容にとても関心をもちます。子どもが一生懸命書いたものを読み上げるときは，教師が一人ひとりの子どもに温かいコメントをつけるようにしましょう。

（髙島英公子）

ゲームの出題カードとなる自己紹介カード

自己紹介ゲームをする子どもたち

第3章　学級開きを成功に導くアイデア

5 「おたより・予定表」のアイデア

見通しと振り返りで, 主体性をステップアップ！

　おたよりや予定表を使い, 今までお客さんのように参加していた子どもを, 主体的に参加する子どもにレベルアップさせましょう。ポイントは, 見通しと振り返りです。

「おたより」で活動のフィードバックをする

　おたよりはそのまま掲示せず, 教師が大事だと思ったところに書き込みをしましょう。行事が終わったら, 子どもたちに活動の反省や次につなげる新しいアイデアを付箋に書かせ, 掲示してあるおたよりにそのまま貼ります。活動の振り返りは, 他の委員会活動に生かすことができるものも多く, 計画を立てる（担当委員会）→主体的に活動する→振り返る→次の活動に生かすという, まさにＰＤＣＡサイクルが手軽に実現できます。

「予定表」で協働と参画の意識を育てる

　予定表と振り返りを１枚の模造紙に書き込んでいきます。最初に教師が簡単に日時とやること, 分担だけを書きます。あとは, 子どもたちがその予定表に「みんなに知らせたいこと, 助けてほしいこと」などを書きます。どんどん, 気づいたこと, 感じたことを書き込み, 活動の写真を貼り, 紙面上で情報交換をしていきます。予定表をいつも目にすることで, 日常的に活動について話し合い, １つの目標に向かいみんなで活動する気持ちが高まります。行事を終える頃には協働と参画の意識が育つでしょう。　　　（髙島英公子）

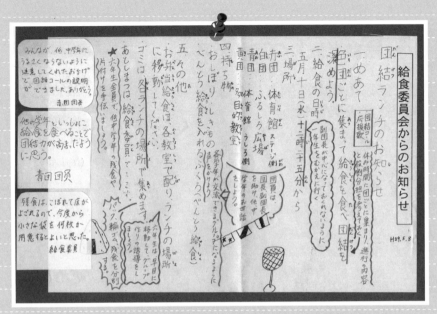

行事の後は，子どもたちが気づいたこと，感じたことを付箋で貼ります

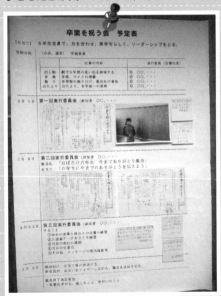

予定表には，おたよりや写真，子どもからのお願いを貼ります

第3章 学級開きを成功に導くアイデア　55

6 「給食当番」のアイデア

効率重視の準備と片づけで、給食を楽しもう！

「目と舌と心が感じる満腹ごはん」。丹精込めてつくられた給食を彩りよくていねいに盛りつけ，たっぷり時間をかけて仲間との楽しい一時にしたいものです。そのためには，効率と機能を重視した給食当番のシステムづくりが大切です。

役割が明確な分担表で「勝負の４月」に！

役割分担が示されていて名前を定期的に変える方法，名前は固定で分担を決める方法（次ページ写真），どちらも仕事内容がはっきりしているので活動がスムーズです。準備・配膳・片づけまで分担を決め確認します。新学期の給食がスタートしたら仕事の進め方をきちんと確認し，タイマーなどで時間を意識させて，遅くとも４月末までには「速い」「ていねい」「きれい」を定着させましょう。４月の給食ではスモールステップでめあてをもたせ，高学年といっても目を離さずよりよい仕事ぶりを定着させたいものです。

食べものや食器，お互いの心をもていねいに扱うことは食育の第一歩

最近はセラミックの食器も増えています。音をたてないよう大切に扱う躾は大切です。配膳では公平さとていねいさを心がけ，きれいに盛りつけさせましょう。「いただきます」の際，当番のよい点を日直に言わせてもよいでしょう。あらかじめ「バディ」を決め，給食当番中の子どもの給食を配膳する友だちも決めておくと，食事のスタートもスムーズです。　（中野　貴子）

56

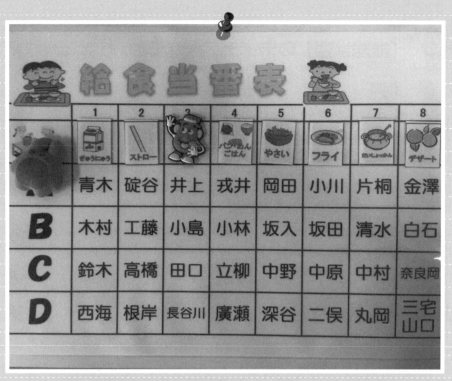

仕事分担は具体的に示し，名前はマグネットで取り外せるようにします

タイマーを使って時間を意識させ，身支度も含め，ていねいな配膳を心がけさせます

第3章　学級開きを成功に導くアイデア　57

7 「掃除当番」のアイデア

明確な分担で
「ほめどころ」満載の掃除時間にしよう！

　「ちゃんと掃けていないよ」「おしゃべりしてはだめ」。ただでさえ面倒な清掃時間に教師の小言が繰り返されては，やる気が出るはずがありません。明確な分担，さらに「きれいになった」と実感できる掃除で，子どもも満足。先生方もたくさん「ほめどころ」が見つかるはずです。学びの場を整える大切な掃除に楽しく取り組む工夫をご紹介します。

役割分担は名前入りで

　「ダイヤル」「表」どちらも細かな分担を示して，個々の名前を示すとよいです。○班などと書かれているだけでは自覚もわきにくいでしょう。

　「ダイヤル」は定期的に平等に分担できるよさがありますが，さらに表にすると細かな役割分担も示すことができます。マグネットでつけかえが楽な名札をつくっておくとよいです。例えば図書室掃除は，初日に３人が交代し２週間後に別の３人が交代するなど，一度に全員を交代させない方が仕事内容がわかり引き継ぎもスムーズです。

掃除の仕方は学校で統一

　廊下の拭き方，トイレ掃除の仕方などは，ビデオで撮影して学校で統一します。学級活動や雨の日の昼休みなどに流し，定期的に確認しましょう。出演を頼んだ高学年はやる気がアップすること間違いなしです。

（中野　貴子）

名前と分担を明確にした掃除当番表

1か月で半分だけマジックテープで名前を貼りかえ，入れかえます

1メートルほどの幅をバックしながら左右に雑巾を動かします

第3章　学級開きを成功に導くアイデア　59

8 「係活動」のアイデア

係コーナーと発表の場を
自己有用感につなげよう！

「なくてはならない当番活動」
「なくてもよいがあると楽しさ倍増の係活動」
　豊かな現代だからこそ，発意・発想を大切に学級に貢献する活動を重ねることで，クラスのまとまりは増し，一人ひとりの自己有用感も高まります。担任は係の意義を正しく理解し，たくさんの引き出しをもって子どもたちの活動の助けとなりたいものです。

貼りっぱなしはNG！　動きのある係コーナーに

　「ワクワクする係名」「メンバー」「活動内容」。係コーナーに掲示されているポスターです。単なる教室の風景の1つではもったいないです。「活動の足跡としてシールや言葉」「みんなにおしらせボード（ホワイトボード）」「ありがとうカード」「アドバイスカード」など工夫次第で休み時間にはみんなが集う，動きのある楽しいコーナーになります。

定期的に設けたい「係発表」

　「活動が見える」をコンセプトとし，定期的に活動の様子を紹介する機会を設けましょう。朝や帰りの会，給食時間の余興など，事前に予定を示すことで，意欲をもって「みんなを楽しませる」ことに取り組むでしょう。相互評価の場面をつくり，「やってよかった」そんな後味をもたせたいものです。

（中野　貴子）

「がんばり」をカードに書いて贈られたものがポスター下の袋に入っています

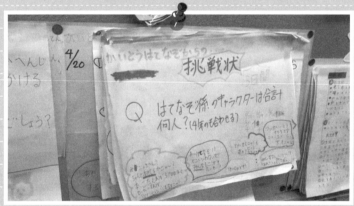

「はてな・なぞなぞ係」からの挑戦状は厚く貼り重ねられています

「お笑い係」の定期的なコントでクラスが盛り上がります

第3章 学級開きを成功に導くアイデア　61

9 「学習ルール」のアイデア

考え方や行動をプラスに導く
「価値語」で調えよう！

　「価値語」とは，教育実践研究家である菊池省三氏の造語です。子どもたちの考え方や行動をプラスに導く言葉として，教室に根づかせたいものです。学習規律やルールの面の指導に関しては，マイナスを「整え」るのではなく，プラスを引き出して「調え」たいと考えています。

プラスに目が向く体質になろう

　「開始時刻に遅れる……」「授業準備が遅い……」「私語が気になる……」など，ルールを守らせたいと思えば思うほど，教師は子どもたちのマイナス面に目が向きがちです。しかし，本来教室にはきちんとルールを守っている子がたくさんいるはずです。教師は「プラスを見る目（美点凝視の目）」で子どもたちを見るようにします。マイナス面よりもプラス面に目を向け，教室にその価値を広げ続けましょう。そういった教育活動の中で，本来子どもたちがもっている力を引き出し合い，学習規律を調えていくのです。

教室で「価値語」を使ってみよう

　「価値語」は各教室で生まれ育つものです。子どもがルールを守っている姿や，望ましい行為をした際に，教師が価値づけた言葉はすべて価値語になります。子どもをどのような人間に育てたいかというゴールを見据え，プラスの行動を価値づけた「価値語」を教室にあふれさせましょう。価値語があふれる教室ほど，ルールも確かなものになっていきます。　　　（古舘　良純）

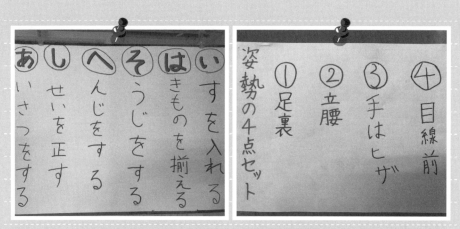

係の子が掲示物をつくり，学習ルールを価値語にしています

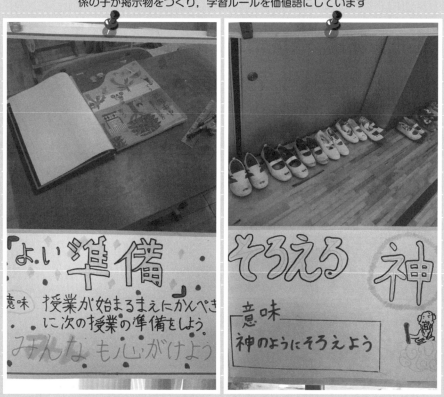

プラスに目を向けて価値づけ，子どもたちに意識させます

第3章 学級開きを成功に導くアイデア 63

第4章

子どもの心をガッチリつかむ！
出会いの日の教室トーク

1 ジャガイモのように気持ちを真っ白にしよう！（5年）……… 66
2 みんなで3つの約束をしよう！（5年）……… 68
3 6年生を目指し，6年生を超えよう！（5年）……… 70
4 1日1日を大切にしよう！（6年）……… 72
5 脱皮しよう！（6年）……… 74
6 小さなNo.1になろう！（6年）……… 76

Chapter 4

1 ジャガイモのように 気持ちを真っ白にしよう！（5年）

話し始める前に

　クラス替えは子どもにとっての一大事です。仲のよい子と一緒になって喜んでいる子ども，離ればなれになって気落ちしている子ども，両方いると考えて間違いないです。明らかに明暗が分かれるところです。いろいろ考慮したうえでのクラス編成も，教師サイドと子どもサイドでは見え方が違って当然です。万人が納得するクラス編成などないのです。

　そんな不安を払拭するのがこの教師のトークです。不満を抱えた子ども，喜びに有頂天になっている子どもを中和し，今日から始まる新しいクラスでの学校生活につなぐ第一歩と考えて話しましょう。

トークのメニュー

●担任の自己紹介（名前の由来を語り親近感をもたせたい）
●子どもの呼名（事前に読み方を確認する。子どもに自己紹介させるより，教師が明るいトーンで呼名するのがよい）
●これまで互いにもっている印象がどんな印象だろうと，みんな同じ5年生（新しいクラスに期待がもてるように話したい）
●進級をみんなで喜ぶ（まずめでたいのだと自覚させる）

まずは，ぐるりと見回し教室の全員と視線を合わせます。そして，口角を上げ笑顔で話し始めます。笑顔にははかり知れない力があります。

　みんな今日から5年生です。まずは進級おめでとう。1年生から数えて，もう5年目ですね。今日から，みんなと協力して，すっばらしい学級にしていきたいと思っています担任の○○です。よろしくお願いします。

　「すっばらしい」を強調します。ここに担任の心意気を込めます。「よろしくお願いします」と引きしまった表情で言い，きちんと45度の礼をします。意識して頭を深々と下げましょう。担任として最初の改まったあいさつです。手本を示す意味でも心を込めてていねいに礼をします。子どもの反応を観察し，よい点は即座にほめて評価します。

　さっきから視線を外さないでじっとよい表情で見つめてくれる子がいます。そして，こくりと礼をしてくれた子もいます。どちらも担任としてとってもうれしいことです。よいことはどんどん真似して広げていきましょう。
　さて，今日から5年生，当たり前ですが来年はいよいよ6年生です。気が早いかもしれませんが，あっという間に時間は過ぎていきます。低学年の頃，6年生が大きく見えたことでしょう。その6年生が目の前なのです。

　それまであまりかかわりのなかった相手に対して固定観念をもっていることがしばしばあります。そこを崩しにかかります。実際にジャガイモを何個か出して言います。

　ここにジャガイモが何個かあります。似ていても，同じ形のジャガイモは1つもありません。1個1個みんな違います。そして，大きさもみんな違います。土の中から掘り出したときはどれも真っ黒です。ですが，中は白くきれいです。栄養もたっぷり。これを人と思えば，外見はみんな違うけれど中身は真っ白。みんなも今日から新たな気持ち，真っ白な気持ちでよいクラスをつくっていきましょう。

第4章　出会いの日の教室トーク

2 みんなで3つの約束をしよう！（5年）

話し始める前に

　クラス替えの日です。5年生の初日です。もう5年目の校舎も，この日ばかりはいつもと違った感じに見えているかもしれません。クラス替えとはそれほど重要なことなのです。

　これまでの友だちと同じクラスになれたなら安心でしょうが，なかなかそうはいかないものです。子どもたちは悲喜こもごもの状態であることを念頭に置いて，まずは今日からの学校生活を安心して送れるよう不安を取りのぞきたいものです。

　安心感をもたせる話をする際のポイントは，教師の毅然とした態度です。

トークのメニュー

●担任の自己紹介（アクロスティックで自己紹介が印象深くなる）
●子どもの呼名（一人ひとりゆっくりていねいに行う。もしも間違えたら素直にごめんなさいと謝る）
●5年生の役割（高学年であることの重みとやりがいについて自分の経験を踏まえつつ話すとよい。自慢めいた話にはならないように）
●約束を宣言する（子どもは安心したい。だからこそ約束する）

胸を張って一人ひとりの顔を見回した後に話し始めます。これから大事な話をするという雰囲気を醸し出します。

> これから大事な話をします。先生は叱ります。ですが，どんなときに叱るのかを教えておきます。3つの約束をしてください。これを守っていれば先生は，まあ，叱ることはありません。

こう話すと一気に子どもたちの緊張感が高まります。よい緊張感は必要です。そして，黒板に書きながら話していきます。

> 「1　命」。命は1つしかありません。これまでお父さんお母さんが大切に育ててきたみなさんのその命を，粗末にするようなこと，危険にさらすようなことをする人は叱ります。

親の愛情を思い出させます。

> 「2　相手」。人は1人では生きていけません。必ず相手が必要です。友だちも相手です。その相手を大切にしましょう。相手を不幸に陥れるような言動は許しません。断固として叱ります。いじめも同じです。

いじめに敏感な子どもは多いです。毅然とした態度で否定しましょう。

> 「3　三度まで」。「仏の顔も三度」と言います。先生が注意しても何度も何度も，繰り返し注意されても直そうとする態度が見られないときには，保護者に報告してでも断固として直してもらいますし，叱ります。覚悟してください。

ここまで告げると，相当空気が硬直するはずです。最後はにっこり笑顔で話しましょう。

> でも，先生は鬼ではありません。今話した3つの約束さえ守っていれば決して怖くもなんともない，やさしい先生ですよ。

3 6年生を目指し，6年生を超えよう！（5年）

話し始める前に

　正真正銘の高学年になった子どもたちはやる気満々で登校しています。このチャンスをとらえ教師のやる気を語り，子どものハートをがっちりつかみましょう。すべては初日が勝負です。一気に上昇気流をつくり，それにみんなで乗っかるのです。

　多少大袈裟なことを言ってもこの日は許されます。大風呂敷を広げても，この日は聞いてくれます。担任教師が自分に言い聞かせるつもりで話すとよいでしょう。

　気合いの証明は目力です。大きく目を開け，目で語りかけます。

トークのメニュー

- ●担任の自己紹介（黒板に白チョークで心を込めて氏名を書く）
- ●子どもの呼名（笑顔で一人ひとりの名前を読み上げながらやさしい眼差しを送る）
- ●これまでのエピソード（他の先生方から，ほめる材料を仕入れ，第三者目線でほめる）
- ●君たちならできる（6年生を手本に，6年生を超える勢いで）

まんべんなくみんなと視線を合わせます。一人ひとりに語りかけるように，視線を固定せず，順々に移動させながら話します。目は口ほどにものを言うのです。そして，仕入れた情報を披露します。

> 　みんなの担任になってとっても幸せです。みんなと目を合わせているだけで感動で涙が出てきそうです。みんなのことを先生方から聞きました。

　同僚から聞き出した具体的に評価できる出来事を２つ３つ紹介します。そして，つけ加えるのです。

> 　みんなはクラス替えをして不安かもしれませんが，これらの話を聞いて，私は安心してみんなと生活できるなあ，これからが楽しみだなあ，という気持ちでいっぱいです。

　知らないことは他の同僚から遠慮せずに聞き出します。悪いことは聞き流し，よいことだけを子どもに話します。謙虚な態度で話し続けます。

> 　年はみんなより上ですが，教師としてはまだまだ未熟者です。いつまでも勉強です。でも，この学校の先輩の姿を見習い，目標にして，みんなに尊敬されるような教師に近づいていきたいと思っています。

　自分の意気込みを伝え，子どもを煽ります。前述の評価できる点を取り上げて，「これだけできるのだから」もっと上を目指そう，と呼びかけます。

> 　これまで○○なみんなはとても立派です。すでにもう立派な高学年です。しかし，私がこの学校の先輩教師を目標とするように，みんなには６年生という先輩がいます。みんなと同様に立派な６年生です。この６年生を目標として，みんなで力を合わせて６年生に一歩でも近づけるようなクラスにしていきましょう。そして，１年経って６年生になる頃には，今年の６年生を超えるようなみんなになっていると私は信じています。

（駒井　康弘）

4 1日1日を大切にしよう！（6年）

話し始める前に

　持ち上がりですから，転出入生がいる場合を除いて，学級のメンバーも担任の先生も同じです。

　5年生のときの学級経営が比較的うまくいっていて，6年生になっても大きな変更はなく，路線を継続していきたいという場合も多いでしょう。

　とはいえ，「5年生のときと同じようにがんばっていきましょう，終わり」では味気ないことこのうえなしです。

　お互いによく知っており慣れている仲ではありますが，新たな気持ちでスタートがきれるよう，スピーチを工夫しましょう。

トークのメニュー

●担任のあいさつ（改めて，担任としての意気込みを簡単に）
●昨年の子どもたちの様子の総括と最高学年としての心構え（気持ちを引きしめる）
●「日に新たに，日々に新たに……」（板書して見せ，意味を紹介して興味をもたせる）
●毎日を新たな気持ちで過ごしていこうと呼びかける

何となく緊張感が薄いと思いますが，なるべく改まった振る舞い，改まった表情，改まった口調で，場の空気をつくりましょう。

> 今年もまたみなさんと1年を過ごせることになりました。改めてよろしくお願いします。5年生のときと同じく，みなさんが少しでも成長できるように，先生自身も勉強しながら精一杯がんばっていこうと思います。

昨年1年間の子どもたちの様子を総括して，よかった所を取り上げてほめ，同時に6年生としての心構えを端的に述べます。

> 5年生のとき，みなさんは高学年として学校の行事や委員会活動に真面目に積極的に取り組み，先生方や下級生から信頼されていました。とても立派でした。今年もぜひその姿勢を続けてください。そして，最高学年になったのですから，さらに責任の重さを自覚して気を引きしめて取り組みましょう。

ここで話題をがらっと変えます。この言葉はまず板書して子どもたちに見せてから読み方や意味を説明すると効果的です。

> ところで，1つ言葉を紹介しましょう。「日に新たに，日々に新たに，又日に新たなり」です。意味は，毎日毎日を新しい気持ちで迎え，過ごしていこうということです。毎日昇る太陽も，毎日咲く花も，同じように見えますが，決して昨日と同じ太陽，同じ花ではありません。これと同じように，今日のこの日も昨日と同じ日ではありません。みなさんだって，昨日のみなさんではなく新しいみなさんです。

最後に1年間の展望を示し，希望をもってスタートできるようにする。

> 今日1日はもう二度とこない貴重な1日です。今日のみなさんも，もう二度と繰り返すことのないたった1人のみなさんです。このことをよく自覚して，これからの6年生としての1年間，小学校最後の1年間を，本当に生かしていきましょう。

第4章　出会いの日の教室トーク

5 脱皮しよう！（6年）

話し始める前に

　持ち上がりの場合でも，5年生のときの学級経営がうまくいっていた場合と，そうでない場合では，出会いの日のトークにも自ずと違いが出ます。

　もしも5年生のときの学級経営がうまくいっていなかったら，6年生ではぜひとも心機一転，挽回したいものです。

　昨年度と学級のメンバーも担任の先生も同じですので，油断するといつもの流れにのまれそうになります。そこをしっかりと見極めて，新たな気持ちでスタートする覚悟を子どもたちに見せましょう。

　先生の熱意が大事です。

トークのメニュー

●担任のあいさつ（心機一転，担任としての熱意を見せて）
●昨年を振り返っての自分自身の反省と最高学年としての心構え（自分
　の至らなさを話す）
●「新しい自分になるために脱皮しよう」（子どもたちと同時に自分の
　モチベーションも上げるつもりで）
●今年こそがんばって有終の美を飾ろうと呼びかける

やや緊張感を高めて子どもたちの前に立ちましょう。昨年度とは違うぞという気持ちを強くもって、表情や口調で、場の空気をつくりましょう。

> 今年もまたみなさんと1年を過ごせることになりました。改めてよろしくお願いします。先生はこの1年間に全力を傾けて、みなさんと一緒に成長したいと真剣に思っています。やる気、根気、本気でがんばりましょう。

昨年度の学級が満足できるものではなかったとしても、子どもたちは責めません。自分の至らなさを前面に出して決意を表明します。

> 5年生のときを振り返ると、先生には反省することがいくつかあります。一番の反省は、本気になってみなさんに向き合わないことがあったということです。この点はすごく反省しています。今年はみなさんも最高学年です。学校を背負う責任があります。先生も、みなさんの責任の重さに負けないくらい責任を自覚して取り組みます。お互い、気を引きしめていきましょう。

ここで話題を変え、「脱皮」と板書し、噛んで含めるように話します。

> ところで、みなさんは「脱皮」という言葉を知っていますか。昆虫やヘビなどが、それまでの皮を脱ぎ捨てて、ひと回り大きくなることです。人間はもちろん脱皮しませんが、実は心には脱皮が必要です。知らず知らずのうちについた「思い込み」という皮を脱ぐのです。例えば、「自分は算数は苦手だ」「自分は班長には向いていない」とか「掃除は当番がやればいい」「自分の仕事だけしよう」とかの思い込みです。これを脱ぐと心がひと回り大きくなります。この1年間に何回脱皮できるか、先生と一緒に挑戦しましょう。

最後に1年間の展望を示し、希望をもってスタートできるようにします。

> 小学校生活も、いよいよ最後の1年間となりました。5年生のときとは違う、充実と成長の1年間にしましょう。みんなの力ですばらしい6年○組をつくり上げていきましょう。

第4章 出会いの日の教室トーク

6 小さな No. 1 になろう！（6年）

話し始める前に

　たとえ学級のメンバーが全員同じでも，担任の先生が5年生のときから見慣れた顔でも，4月の最初の日はなんとなく気持ちがはずんでくるものです。

　今日から新しい1年間が始まるからでしょう。しかも自分たちは学校の顔と言われる，最高学年の6年生です。今までとは違う何かを，子どもたちも感じていることでしょう。

　1年間のスタートを希望をもってきれるように，子どもたちがやる気になるようなトークを心がけましょう。よいトークは話している先生自身も元気づけてくれます。

トークのメニュー

- ●担任のあいさつ（担任できる喜びを素直に伝える）
- ●昨年度の総括と最高学年としての心構えを話す（子どもたちの活動をほめ，今年度の活動に期待する）
- ●「小さな No. 1 になろう！」（大きな No. 1 は難しいが，小さな No. 1 はだれにでもなれる。子どもたちにやればできるという気持ちで語る）
- ●楽しい1年間にしていこうと盛り上げて終える

互いに慣れ親しんだ者同士ですが，新たな気持ちでスタートがきれるよう，「親しき仲にも礼儀あり」の心境で話します。

　みなさんにとって小学校生活最後となるこの1年を，また一緒に過ごせることになり，とてもうれしいです。改めてよろしくお願いします。この喜びがいつまでも続くように，精一杯がんばろうと思っています。

　ここでは，昨年度の子どもたちの様子を大いにほめましょう。そして，今年はそれ以上に期待しているということを伝えます。

　去年のみなさんは，何をするにも一生懸命で見ていて本当にすがすがしいほどでした。下級生や他の先生方からも信頼されていました。今年はいよいよ学校の顔である6年生です。みなさん一人ひとりの力がより一層発揮されるだろうと，先生は今からワクワクしています。期待しています。

　ここがトークのメインです。子どもたちに自信と希望をもたせます。同時に先生自身も自分に語りかけるつもりで話します。

　ところで，自分の力をより一層伸ばすにはどうしたらよいでしょうか。その秘訣を教えましょう。それは「小さな一番になる」ということです。大きな一番になるのはなかなか難しいものです。だれもがなれるものではありません。でも，範囲を絞って，「あいさつのときのお辞儀の仕方」とか「三角巾のたたみ方」とか「授業中にうなずく回数」とかの小さな範囲なら，努力次第で一番になれます。1つ一番になったら次の一番を目指します。こうしてだんだん自信がついてきて，自分の力がどんどん伸びていくのです。

　最後は，明るい未来に向かって力強く進むイメージをもって語りかけます。

　明日から小さな一番を目指してがんばってみましょう。そして，このクラスを，だれもが小さな一番になれる，そんなクラスにしていきましょう。

（山中　伸之）

第4章　出会いの日の教室トーク　77

第5章
クラスがギュッとまとまる！
学級づくりの
ゲーム＆アクティビティ

1	学級開き当日にできる短い活動❶（5年）	80
2	学級開き当日にできる短い活動❷（5年）	82
3	友だちづくりや学級づくりの活動❶（5年）	84
4	友だちづくりや学級づくりの活動❷（5年）	86
5	友だちづくりや学級づくりの活動❸（5年）	88
6	学級開き当日にできる短い活動❶（6年）	90
7	学級開き当日にできる短い活動❷（6年）	92
8	友だちづくりや学級づくりの活動❶（6年）	94
9	友だちづくりや学級づくりの活動❷（6年）	96
10	友だちづくりや学級づくりの活動❸（6年）	98

Chapter 5

1 学級開き当日にできる短い活動❶ (5年)

私たち、○○グループです！

所要時間：30分

ねらい

話すことが必然となるゲームを通して、友だちと積極的にコミュニケーションをはかることができるようにする。

準備物

なし

活動の概要

❶活動の目的を知る

「自分と友だちとの共通点を見つける」
「話すことを通して、友だちと積極的にコミュニケーションをはかる」
の2点を伝えます。

❷活動の内容を知る

「今から、先生が手をたたいた数の人を集めてグループをつくりましょう。実はそこに集まった人は偶然ではなく、ある共通点をもった、集まるべくして集まったメンバーなのです。時間は3分。その共通点を見つけましょう」
以上のように伝え、ゲームをスタートさせます。

❸活動の留意点を知る

「見た目でわかるような共通点はやめましょう」
「同じ人ばかりとグループにならないようにしましょう」
の2点を伝えます。

❹活動に入る

　はじめは少ない人数からスタートします。会話が進んで，すぐに共通点が見つかるグループもあれば，あまり会話が進まずじーっと固まるようなグループもあります。共通点をすぐに見つけられたグループには，別の共通点を探すように指示し，会話が進まないで困っているグループには教師が入って，活動を促しましょう。

　3分後，見つけた共通点をグループごとに発表させていきます。その際，共通点にまつわるポーズをきめさせると盛り上がります。

　人数を徐々に増やしていき，最後は学級全員の「私たち，『〇組になってよかったグループ』です！」で，盛り上がりは最高潮に！

私たち，「通っている美容室が同じ」グループです！

（日野　英之）

2 学級開き当日にできる短い活動❷（5年）

Yes・No ビンゴで，
友だちのことをよく知ろう！

所要時間：25分

ねらい

ビンゴを通して，新しい友だちの様々な側面に気づかせ，仲間意識をはぐくむ。

準備物

● ビンゴカード（5×5くらいのマス目が入っているもの）
● 筆記用具

活動の概要

❶活動の目的を知る

「新しい学級の友だちの様々な面を知ることを目的として，『Yes・No ビンゴ』をします」
と伝えます。

❷活動の内容を知る

「質問された人は，Yes か No で答えるようにしましょう。Yes だったら，友だちのビンゴカードのその項目が書かれているマスに，自分の名前をサインしましょう」

「ビンゴになったら，大きな声で『ビンゴ！』と言いましょう」

以上のように伝え，活動を始めます。

❸活動の留意点を知る

「1人の友だちに質問できるのは1つだけです」

「縦・横・斜めのどれか1列が揃っても，2つ目のビンゴを目指し，他の友だちに質問しましょう」と伝えます。

	犬を飼っている人			毎日30分はテレビを見る人
朝食がパンだった人			犬より猫の方が好きな人	総合が好きな人
	体育が好きな人	FREE 自分のサイン		夏休みの宿題の多さが不安な人
	夏休みのプール開放に参加する人	国語が好きな人	夏休みが楽しみな人	つりが好きな人
今朝，7時より早く起きた人		体育が好きな人		パソコンのキーボード入力が得意な人

ビンゴカードの例
（空いているマスは自分で質問を考える）

❹活動に入る

活動が始まると，ビンゴを目指して，学級全員と質問を交わすような子も出てきます。最後に活動の振り返りを行うと「新しい友だちの好きなことを知ることができてよかった」「ぼくと同じで，サッカーが好きだとわかったので，今度一緒にやってみようと思います」などの感想が出てきます。

（川村　幸久）

3 友だちづくりや学級づくりの活動❶（5年）

カウントダウン・ゲームをしよう！

所要時間：20分

ねらい

　仲間のことを考え，息を合わせて取り組むことで，一体感や達成感を味わわせる。

準備物

　なし

活動の概要

❶活動の目的を知る

　「友だちのことをしっかり考えながら，素早く判断して行動する」
　「友だちと協力して取り組む」
の2点を伝えます。

❷活動の内容を知る

　「今からグループで，だれとも重ならないようにカウントダウンをしていきます。友だちのことをよく考えて，自分が立つタイミングを決めましょう。一番早かったグループの優勝です」
　以上のように伝えます。

❸活動の留意点を知る

「始まる前に,順番を決めるなどの相談をしてはいけません」

「よく見て,よく考えないと重なってしまいますが,迷っていると時間がかかってしまいます」

以上のように伝えます。

❹活動に入る

まず,グループになります(はじめは6人くらいから)。最初はだれでもよいので,グループの人数と同じ数を言いながら立ちます(6人なら「6」からスタート)。以下同じ要領で,だれかが続く数字を言いながら立ち,グループでカウントダウンしていきます。ただし,だれかと重なって立ってしまったら(数字が重なったら),最初からやり直しです。だれかと重なることなく,「1」まで言いきれたら,全員で「0!」を言ってクリアです。慣れてきたら,1グループの人数を増やしてやってみましょう。

(玉田　純一)

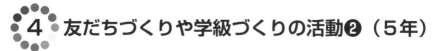

4 友だちづくりや学級づくりの活動❷（5年）

体の動きだけで伝えよう！

所要時間：20分

ねらい

　伝言ゲームのお題をジェスチャーで伝えることで，言葉以外で楽しくコミュニケーションをとり，友だちとのつながりを感じさせる。

準備物

●お題が書かれた紙（耳元でお題を言ってもよい）

活動の概要

❶活動のルールを知る

　「伝言ゲームとジェスチャーゲームをミックスしたゲームです。各チームの先頭以外の人は，1列に並んで後ろを向きます。先頭の人は，2番目の人の肩をたたいて振り返らせ，声を出さずにジェスチャーだけでお題を伝えます。2番目の人がわかったら，3番目の人の肩をたたき，伝えていきます。最後の人が，一番早く司会の人の所へ来て答えを耳打ちして当たっていたら優勝です」
と伝えます。

❷チームごとに並ぶ
　クラスを数チームに分け，だれが先頭になるのか，どういう順番で並ぶのかをチームで決めます。

❸活動の留意点を知る
「声を出さないこと」
「次の人は，肩をたたかれてから振り返ること」
の2点を強調します。

❹活動に入る
　お題は「ウサギ」「ゴルフ」など，体で表現しやすいものからスタートします。その後，「ヘビ」「フィギュアスケート」など表現しにくいものに変えていくと盛り上がります。
　また，時間制限を設けたり，他のチームが見学したりすると，さらに盛り上がります。

（西岡　毅）

第5章　学級づくりのゲーム＆アクティビティ　87

5 友だちづくりや学級づくりの活動❸（5年）

コインを持っているのはだれだ！

所要時間：20分

ねらい

　コインを持っているのはだれかをめぐって，仲間と協力して心理戦を楽しみながら，友だちとの仲を深める。

準備物

●コイン（2グループで1枚）

活動の概要

❶活動のルールを知る

①コインを隠すチームAと，だれが持っているのか当てるチームBの2つに分かれ，机を挟んで座る。

②Aチームは机の下でコインを手渡していき，だれが持っているのかわからないようにする。

③Aチームのキャプテンが「アップ！」と言ったら，チームのメンバーも「アップ！」の声とともに，手を前に出す（大きい声を出すことでより楽しい雰囲気になる）。

　続けて，キャプテンが「ダウン」と言ったら，メンバーも「ダウン」の声とともに，机の上に手を下向きに広げて置く（このときのコインの音が勝

敗を大きく左右する）。
④Bチームはだれのどちらの手にコインがあるのかを相談して当てる（手のふくらみや表情をよく見る）。

❷さらに盛り上がる

次のような工夫を加えることでより盛り上がります。
①慣れてきたら，相手に見える場所で，コインを交換する。渡すふりや惑わす動きなどの演技をして，相手を混乱させる。
②「○○さんが持ってる？」「右手にあるのかな？」などの質問をすることを認める。相手の答えや反応から，だれが持っているかを予想する。

いずれも，演技の上手な子，つい顔に出てしまう子など，それぞれの個性が出て，教室が笑顔に包まれます。

（松本　祥介）

6 学級開き当日にできる短い活動❶（6年）

ウソ？　ホント？　自己紹介をしよう！

所要時間：20分

ねらい

　自分のことを紹介したり，グループで相談し合ったりすることで，学級の仲間に意識を向け，これからクラスで協力していこうという意欲をもたせる。

準備物

●自己紹介を書き込むプリント

活動の概要

❶活動の目的を知る

　「友だちの自己紹介を聞き，お互いをより深く知り合う」
　「協力して答えを見つける」
の2点を伝えます。

❷活動の内容を知る

　「今から，グループで自己紹介をし合います。1人5つの短い自己紹介をします。そのとき，4つは本当のこと，1つはウソのことを話します。1人が発表し終えたら，どれがウソかをグループの他の人が相談して当てます」
　以上のように伝えます。

❸活動の留意点を知る

　「友だちによく知られていることばかりでなく，あまり知られていない意外な一面を入れること」
　「グループで答えを決めるとき，全員で相談すること」
の2点を伝えます。

❹活動に入る

　まず，個人で5つ，短い自己紹介をプリントに書き，発表の準備をします。その際，どれをどの順番で発表するかについても考え，決めておきます。
　次に，グループの形に席を移動します。1人ずつ発表し，5つ聞き終えたら発表者以外のグループ員で相談して，答えを当てます。全員終わったら，席替えをして違うグループで同じ活動をします。
　時間に余裕があれば，グループ対抗にしたり，1人の紹介を学級全体で共有したりするのもよいでしょう。

（玉田　純一）

7 学級開き当日にできる短い活動❷（6年）

さいころトークで
友だちのことを紹介しよう！

所要時間：25分

ねらい

新年度のスタートに際して，改めて学級の仲間に対する理解を深めさせる。

準備物

●さいころ

活動の概要

❶活動の目的を知る

「これまで1年間，一緒に過ごしてきた友だちのよいところや，思い出エピソードをグループごとに紹介して，お互いの理解を深めましょう」
と伝えます。

❷活動の内容を知る（朝の時間）

「さいころを使って，友だちのことを紹介する『さいころトーク』を行います。グループの中で順番にさいころを振り，出た目の話題について友だち紹介を行います。このトークテーマで（プリントを配る）5時間目に行うので，あらかじめメモをとっておくようにしましょう」
と，朝の時間に活動内容やトークテーマを伝えておくと，休み時間や給食時

間を使って，何を紹介するのかをある程度考えることができます。
トークテーマの例
①○○さんの仲のよい友だち　　②○○さんが６年生で楽しみなこと
③○○さんとの一番の思い出　　④○○さんが６年生でがんばりたいこと
⑤○○さんがはまっていること　⑥○○さんのよいところ

❸**活動の留意点を知る**
　「紹介する友だちのことで，わからないことがあったら，あらかじめ他の友だちから聞いて，情報を集めておくようにしましょう」
　「どうしても話せないテーマであれば，さいころを振り直して，別のテーマに変更しましょう。時間がきたら（30秒程度）次の人と交代です」
の２点を伝えます。

❹**活動に入る**
　子どもは，友だちに自分のことを紹介されると，照れくさそうにしたり，「そう思われていたのか」と驚いたりします。
　最後に，今日の活動の中で心に残ったことや新しく知ったことについてグループで感想を交流させ，活動を振り返ることも大切です。

（川村　幸久）

8 友だちづくりや学級づくりの活動❶（6年）

ひっこぬけ！

所要時間：45分

ねらい

体の触れ合いを通して，学級の緊張をほぐし，温かい雰囲気をつくる。

準備物

なし

活動の概要

❶活動の目的を知る

「体の触れ合いを通して，友だちとコミュニケーションをはかる」
「ひっこぬかれない方法を友だちと協力して考える」
の2点を伝えます。

❷活動の内容を知る

「今から『ひっこぬけ！』ゲームを始めます。まずは『ひっこぬく』チームと『ひっこぬかれる』チームに分かれます。その他のチームは横一列に並んで座ってください。『ひっこぬかれる』チームは，ひっこぬかれないように，円の中で隣の人とがっちりと腕を組んでください。『ひっこぬく』チームは，手や体，足を引っ張って，引き離してください。時間は2分間です。

2分経過後,交替し,役割を替えて行います。制限時間内にひっこぬいた人数の多い方が勝ちです」
　以上のように伝え,ゲームをスタートします。

❸活動の留意点を知る
　「触る場所は腕,足,体のみ,頭などは触らないようにしましょう」
　「相手が『痛い！』と言うことをするのは,絶対にやめましょう」
の2点を伝えます。

❹活動に入る
　はじめは少ない人数からスタートします。慣れてきたら,チームの人数を増やしていきます。人数が増えれば増えるほど盛り上がりも増していきます。「〇月生まれ対決」や「血液型対決」などテーマを決めてグループ編成して取り組むのも盛り上がります。集まる際に「何月生まれ？」「何型？」など自然と会話が生まれ,子どもたちの中につながりが芽生えます。最後は,男子対女子,赤対白など,学級2分割対抗で取り組むと盛り上がりも最高潮に！　力の強い子が力の弱い子に気をつかいながら取り組む姿や,おとなしい子が必死に引き離そうとする姿など,意外な一面も見られます。

（日野　英之）

9 友だちづくりや学級づくりの活動❷（6年）

みんなで協力してボールを落とそう！

所要時間：20分

ねらい

　目隠ししている友だちに場所を伝えることを通して，協力することの大切さや，チームで勝つ楽しさを実感させる。

準備物

- ●床に同心円状に3つのラインを引くテープ（真ん中は得点を高くし，外側にいくにつれ，得点を低くする）
- ●ボール（小さくて柔らかく，あまりはずまないもの）

活動の概要

❶活動のルールを知る

　「チームで1人目隠しをして，スイカ割りをする前のようにくるくると回ります。その後，腕をまっすぐ伸ばした状態でボールを持ち，円の中に進みます。ボールを落とし，それが円の真ん中に近いほど得点が高くなります。チームの仲間は声を出して教えてあげてもよいです」
と伝え，最初にチームで目隠しをする人を決めます。

❷活動の留意点を知る
　「チームで協力してうまく場所を教えてあげること」
　「他のチームがゲームをしているときは静かにすること」
の2点を伝えます。

❸活動に入る
　スイカ割りと同じ要領で仲間が声をかけて，みんなで盛り上げていきましょう。だんだんとうまくなってきたらアドバイスする回数を制限して，チームで勝つ方法を考えましょう。また，味方チームのヒントだけでなく，相手チームのウソヒントもありにすると盛り上がります。上級編では，相手チームのウソヒントだけで挑戦すると，ウソの情報を予測しながら進む頭脳戦，心理戦の要素も入り，盛り上がります。

（西岡　毅）

10 友だちづくりや学級づくりの活動❸（6年）

タイミングを合わせて
ジャンプしよう！

所要時間：20分

ねらい

　グループで輪になって手をつなぎ，みんなでタイミングを合わせてジャンプすることを通して，仲間との一体感を体験させる。

準備物

　なし

活動の概要

❶活動の目的を知る
　手をつないだり，タイミングを合わせてジャンプしたりすることで，友だちと楽しむことを伝えます。

❷活動のルールを知る
①輪になって手をつなぐ（手を離したら反則）。
②教師が「前」と言ったら，みんなで「前」と声を出しながら前に一歩ジャンプする。
③指示する方向の数を増やす。「前！　前！　右！」と指示したら，「前！　前！　右！」と言いながら，タイミングを合わせてジャンプする。（跳ぶ

方向やタイミングを間違えると,友だちとぶつかり大笑い。みんなの距離がぐっと縮まります)。

❸**さらに盛り上がる**

次のような工夫を加えることで,さらに盛り上がります。

①指示する数を増やしたり,テンポをだんだん速くしたりする(テンポを速くしていくと,笑いすぎて輪が崩れるくらい盛り上がる)。

②教師の指示とは反対に動く。「前」「前」「右」と言われたら「後ろ」「後ろ」「左」と言ってその方向にジャンプする。慣れてきたら,教師の指示と同じように声を出しながら,それとは逆方向にジャンプする(これは相当難しい)。

③いろいろな並び方でやってみる。例えば,縦に並び,前の人の肩に手を置くと,前後の動きが難しく,輪のときとはまた違った楽しさがある。

(松本　祥介)

第6章

クラスがどんどんうまくいく！
学級づくりの工夫&アイデア

1 「学級目標づくり」の工夫&アイデア …………………………………102
2 「朝の会」の工夫&アイデア ……………………………………………104
3 「給食当番」の工夫&アイデア …………………………………………106
4 「掃除当番」の工夫&アイデア …………………………………………108
5 「係活動」の工夫&アイデア ……………………………………………110
6 「帰りの会」の工夫&アイデア …………………………………………112
7 「学級通信」の工夫&アイデア …………………………………………114
8 「連絡帳」の工夫&アイデア ……………………………………………116
9 「はじめての保護者会」の工夫&アイデア ……………………………118

Chapter 6

1 「学級目標づくり」の工夫&アイデア

みんなの力で学級目標をつくる

　「こんなクラスにしたい!」という願いを言葉にした学級目標をみんなの力でつくります。次の手順でつくります。

　まず,「こんなクラスにしたい!」という教師の願いを語ります。

　次に,Ａ４の紙を縦に半分に切ったものに,子どもたちにそれぞれどんなクラスにしたいのかを書いてもらいます。「〇〇なクラス」という形式で書いてもらいます。例えば,「仲のよいクラス」「全校のお手本になるクラス」「何事にも全力で取り組むクラス」などです。

　最後に,個人で考えたものを黒板に貼っていきます。同じものや似たものは近くに貼るようにします。似た言葉は,どちらかの言葉を採用するかどち

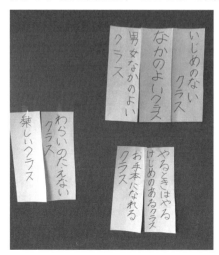

らの意見も入っている新しい言葉をつくります。例えば,「男女仲がよい」と「みんな仲がよい」だったら,「みんなの中に男女も含まれているから,『みんな仲がよい』にしよう。君の願いはこの言葉に込められているよ」というようにします。どんどん言葉を集約していきます。抽象度の高い言葉でまとめます。このとき,全員の願いが入っているようにすることが大事です。

　完成した学級目標は,例えば,「世界一明るくてやさしいクラス」「やさしさいっぱい,笑顔いっぱい,元気いっぱいの５年２組」のようになります。

つくって終わりではなく活用する

　つくった学級目標は,教室前面に掲示し,いつでも意識できるようにします。何かがあったときに,この学級目標に立ち戻ることができます。

　「今の発言は,学級目標の中の『やさしさいっぱい』につながっているかな？」「それを続けていたら,『伝説に残るクラス』になれるのかな？」と子どもたちに問いかけます。そして,この学級目標と関連させて,具体的な月目標や週目標,１日のめあてを決めて,評価を続けることが大切です。

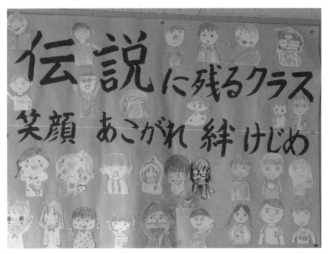

（飯村　友和）

2 「朝の会」の工夫&アイデア

教師の話の中で見通しをもたせる

　１日の流れが想像できるように，１日の予定を話します。聞き流されないように，「今日の予定の中で一番がんばることはなんですか？」などと問います。ホワイトボードに書いておくとさらに見通しをもちやすくなります。

健康観察でのお題

　健康観察のときに「好きな教科」などのお題を出します。例えば「〇〇さん」と名前を呼ばれたら，「はい。元気です。好きな教科は理科です」とい

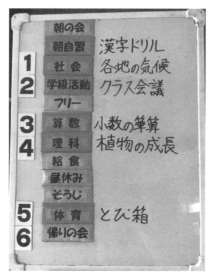

うように答えます。子どもたちは「今日はどんなお題かな？」と健康観察を楽しみにするようになります。お互いのことを知り合うきっかけになります。

1日のめあて

　１日のめあてを決めます。その日１日の生活を想像して，これができてほしいということを決めます。決まったら目立つところに書き，朝の会で発表します。例えば，「健康診断では『よろしくお願いします』と『ありがとうございました』を言おう」や，「１年生を迎える会では１年生にやさしく話しかけよう」などです。最初は教師が決めます。慣れてきたら日直などの子どもが交替で書くようにします。帰りの会で評価をして，できていたらカレンダーにシールを貼るなどして，できたことを可視化します。

　シールが10個たまったら，お祝いにミニゲームをするなどとすると盛り上がります。下の写真は黒板の端に書いた１日のめあてです。

（飯村　友和）

3 「給食当番」の工夫&アイデア

「時間意識」を徹底してもたせる

　給食は，決められた時間の中で身じたく，配膳，食事，後片づけをしなければなりません。子どもが時間意識をもてるよう，徹底して指導しましょう。例えば，身じたくでは「給食タイム当番」を設けて，時間内に給食当番が準備を終えられるようにします。事前に次のように趣意説明をしておきます。

　「給食タイム当番のスタートの合図で，手を洗い，給食着に着替え，整列を終えます。ここまで3分以内に終えるようにします。準備を早く終えられると，その後の配膳も素早く進められます。食べる時間も確保できます。時間を大事にする意識を，みんなで協力しながら高め合っていきましょう」

　同じようにして，配膳，食事の時間，後片づけでも，時間意識を念頭に置いて指導しましょう。

給食当番は「1人1役」「公平に」を原則に行う

　給食当番のシステムをつくる上で，まず学級のメンバーを2～3つに分けましょう。以前，28人学級を担任した際は次のように役割分担をしました。

①②おかず	③④ごはん	⑤おかず食器
⑥ごはん食器	⑦⑧牛乳・バケツ	⑨⑩食缶
⑪おぼん	⑫⑬配膳台・デザート	⑭ストロー袋回収

　1人1役で役割を決めて，週ごとにメンバーがスライドして交代するようにします。こうすることで，全員がどの役割も経験することができます。

　配膳が始まったら，班ごとに子どもを呼びます。他の子どもは机をふくなどして静かに待つようにします。このとき，ごはんやおかずの量は公平か，よく確認します。「大盛りにして」などの声には「全体の配膳が終わってから，公平に増やします」と伝えておきます。

　配膳後，欠席者などの分があまってしまった場合には，「○分になったら，食べたい人でジャンケンをします。勝ち負けに不平不満を言わない人だけでやります」などと，事前に約束事を決めておきます。

（鈴木　玄輝）

4 「掃除当番」の工夫&アイデア

「だれが」「どこで」「何を」するのかはっきりさせる

　掃除当番のシステムを機能させるために，「だれが」「どこで」「どの掃除用具を使って」「何を」するのかを明確に提示して指導しましょう。特に年度はじめは，個々の役割が明確な個別方式で，担任も一緒に掃除をしながら，掃除用具の使い方や場に応じた清掃方法を一人ひとりに指導しましょう。

　個別方式に慣れてきたら，生活班などで取り組む班方式に移行しましょう。班で協力し合う姿が生まれてきます。その一方で，役割分担でもめて時間がかかったり，真面目な子どもだけが懸命に掃除をしたりすることもあります。学級の実態を見ながら，全員で掃除に取り組むことの大切さを趣意説明したり，学級会の話題にしたりしていきましょう。

子どもの必要感に応じて掃除の進め方を修正していく

　班方式で協力しながら掃除を進めていくうちに，子どもから掃除の進め方を変えた方がいいという意見が出てくることがあります。
　「体育館の水飲み場掃除はすぐに終わって，次にやることがなくなってしまうので，毎日少しずつ，体育館の窓の桟を掃除すればいいと思います」
　こんな意見が出されたら，まずは掃除に対する子どもの主体的な態度を大いに認め，ほめましょう。
　「少しの時間も無駄にせず時間いっぱい掃除に取り組もうとしているね」
　「日頃なかなか手をつけないところに，しっかりと目を向けて掃除をしようとしているね」
　そして，子どもと相談しながら掃除の進め方を修正していきましょう。その際，「時間を大事にする意識をもって取り組むこと」「自分たちが使った場を隅々まできれいにすること」など，趣意説明で話したことを念頭に置きながら，よりよい修正方法を子どもと一緒に考えるようにします。

（鈴木　玄輝）

5 「係活動」の工夫&アイデア

「1人1役」と「日常性」を原則にシステム化する

　係活動（ここでは当番的な活動を指す）のシステムをつくる際に，重視したい原則は「1人1役」と「日常性」の2つです。

　まず，係活動は1人1役で組織しましょう。「だれが」「どこで」「何を」するのかが明確だと，全員で学級を動かす意識が高まります。活動内容によっては「配付物係」など複数人で担う場合もあります。

　次に，快適な学校生活を送るためには，日常的にどんな仕事が必要なのか，子どもに学校生活を見つめさせて活動を組織しましょう。例えば，「日付・日直記入係」はその日の学級が動くためには欠かせませんし，授業ごとに気持ちを切り換えて取り組むために「黒板消し係」は必要でしょう。

活動を「見える化」して軌道に乗せる

　子どもの役割が決まったら,「見える化」して,仕事が終わったかどうかが一目でわかるようにしましょう。私の学級では,片面が赤色・片面が白色になっているマグネットシートを1人分の大きさに切断し,赤色の面に赤色のビニールテープを貼ったものを子どもの人数分準備しています。白色の面には自分の名前を書かせて,赤色の面には係名を書かせると,テープを取り替えれば何度でも繰り返し使用できる当番カードが完成します。

　自分の仕事が終わったら自分のカードを裏返します。帰りの会で全員のカードが裏返っていることを確認して1日の係活動は終了です。翌日も活動があるので,カードを元通りに直す「カード直し係」を設けてもよいでしょう。

　こうしてシステム化したら,活動が軌道に乗るまでチェックとフォローを続けます。「いつもありがとう」「忘れず取り組んでくれてうれしいよ」など,子どもに感謝の声かけをしながら,全員の力で学級の日常が動いていくようにしていきましょう。

（鈴木　玄輝）

6 「帰りの会」の工夫＆アイデア

時間短縮の工夫をする

　帰りの会に時間をかけすぎてはいけません。いくらよい取組をしていたとしても，毎日他のクラスよりも帰りの時間が遅かったら，子どもたちに不満がたまります。時間を短縮するために，曜日や時期によってプログラムを変えることをおすすめします。

金曜日の帰りの会は整理整頓タイム

　翌週を気持ちよくスタートするために，金曜日の帰りの会では整理整頓タイムを設けます。整理が終わった班から「さようなら」とします。

振り返り日誌を書く

　帰りの会の中で，子どもたちが１日の振り返りをノートに書きます。内容は，その日にあったことや思ったことなどです。直接は言いにくいことを書いてくれることもあり，ノートを通したコミュニケーションをとることができます。書く時間は帰りの会の中の５分間です。または時間は決めずに，書き終わった子から「さようなら」を言って帰るとしてもよいです。

帰りの支度が時間内にできたら楽しいゲームをする

　帰りの会の開始の前に曲を流すようにします。曲が終わるまでに，帰りの支度を終えるという約束にします。全員が支度を終えたら，楽しいゲームをします。ゲームがしたいので，行動が速くなります。流す曲に子どもたちが好きな曲を選ぶと喜ばれます。ゲームは長くても５分程度でできる簡単なものにします。

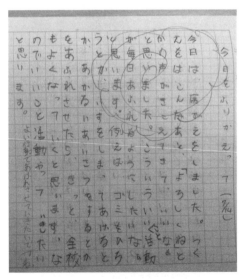

（飯村　友和）

7 「学級通信」の工夫＆アイデア

一番大事にしていることを書く

　私が最も伝えたいのは「心や体を傷つけてはいけない」ことです。しかし，それはごく当たり前のことで，それだけ伝えても意味がありません。「なぜそれを大事にしたいか」という自分の価値観を伝えることが大切なのです。「世間ではそういうものだから」という一般論ではなく，独自の見方や考え方を伝えることに意味があるのです。「そうか，この先生はこれを大事にすることでこんな教室を目指しているのだな。こんな子を育てたいと考えてい

るのだな」と感じ取ってもらいたいわけです。

　伝える価値のないもの，心に留めてもらおうとしていないものは，単なるポーズや証拠づくりでしかないのです。子どもの目にも保護者の目にもとまるような所信表明を目指しましょう。

心を込めて書く

　私は手書きですので，第1号はことのほかていねいに書くことにしています。手書きでなくとも，感じのよい（えらそうでない，だらしなさそうでもない）文章を書いたり，誤字・脱字に気をつけたりすることは当然です。「一文一義」を心がけ，簡潔明瞭でわかりやすい文章を綴りましょう。

　保護者の中には，第一印象だけで判断する人もいるので，「だらしない」「あまり賢くなさそう」「冷たそう」「やる気が感じられない」通信にならないように気をつけましょう。完成したら，できるだけたくさんの先生に見ていただき，客観的な意見をいただきます。最低限，学年団や管理職にはアドバイスをいただきたいものです（下は誕生日通信の一部）。

（宇野　弘恵）

第6章　学級づくりの工夫&アイデア　115

8 「連絡帳」の工夫&アイデア

担任紹介とお子様紹介で出会いを印象づける

　担任の特徴を書いた付箋程度の大きさの紙を子どもたちに配ります。その紙を使って自己紹介をした後，連絡帳に貼らせ，以下のように伝えます。
　「先生の特徴はすべてここに書いています。きっとおうちの人もどんな先生か心配していることでしょう。だから，この紙を連絡帳に貼っておうちの人に見せてください。また，先生は，みんなのことも早く知りたいです。だから，おうちの人に一言君たちのよいところを書いてもらってください」
　子どものよいところだけでなく，心配な点を書いてくれることもあります。わが子のことはその保護者が一番知っているものです。教師も特徴をきちんと把握しておくことで，子どもの見方が的外れなものになるのを防ぐことができます。

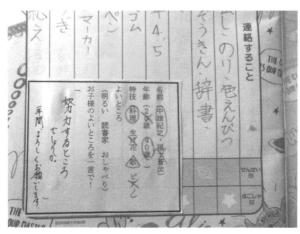

子どものがんばりを伝える連絡帳をつくる

　高学年ともなると，学校生活の出来事を家庭で話すことが減ってきます。それが，保護者の心配をさらに大きくさせてしまうこともあります。特に，年度当初は，わが子が周りからどのような目で見られているのか，日頃どんなことをがんばっているのかなどは気になるところでしょう。そこで，どの学級でもよく行っている「友だちのよいところみつけ」を，連絡帳を使って保護者にも知らせるようにすると，悩みはいくらか解消されます。

---

①班の中で班の全員からほめられる順番を決める（月曜から金曜まで）
②友だちのよいところを付箋に書く（2つ以上書いた方が喜ばれる）
③付箋を読んであげた後に連絡帳に貼りつける
④おうちの人に連絡帳を見せる

　保護者から「わが子の様子がよくわかってよかった」「意外とがんばっていることがわかった」「やさしいほめ言葉に感動した」といった感想が多く寄せられ，大変好評です。

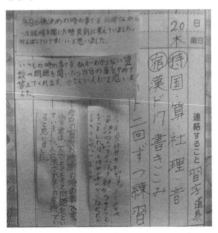

（中雄　紀之）

9 「はじめての保護者会」の工夫＆アイデア

「頼りになる」ところを見せる

　高学年の保護者の関心事は「学習」と「友だち関係」です。特に１人っ子や長子のお子さんの場合は子育ての見通しがもちにくいため，漠然とした不安を抱いている保護者も少なくありません。既婚・未婚，子育て経験の有無，あるいは年齢や経験に関係なく，私たちはたくさんの子どもの成長にかかわる「プロ」です。ですから，高学年の子どもの未来予想図をもち，保護者の

○○小学校６年２組・学級懇談

○月○日

◎ごあいさつ

　６年２組担任の宇野弘恵です。１年間大変お世話になります。どうぞよろしくお願いいたします。

　６年生となった子どもたちは，毎日はりきって学校生活を送っています。よい意味での緊張感をもって活動しています。新学期が始まってまだ数日ですが，大変素直で一生懸命な子どもたちであるということがよくわかりました。人と穏やかにかかわる様子や，自分の役割を誠実に果たす姿も見られます。今の意欲を維持しながら成長できるよう，力を尽くしてまいります。

　６年生は「思春期の入り口」です。自分ばかりを見つめていたこれまでとは違い，自分とは何だろう，友だちと比べてどうだろうなど，周りのことがたくさん気になるようになる年頃です。自分や大人をシビアな目で見る子も増えるでしょう。自分に厳しいあまり自己嫌悪に陥ったり，逆に自分を棚に上げて他人ばかりを中傷したりという姿も見られるかもしれません。そのため，友だち同士でぶつかりあったり，グループでの争いがあったり……。特に女子同士の人間関係は著しく変化し，それに伴うトラブルも多発するのがこの時期です。

　しかし，そのような体験を通してこそ人の気持ちを理解したり，自分や友だちの存在意義について考えたり，人間として大きく成長していくものだと思います。できるかぎり様々なことに積極的にかかわり，一人ひとりがたくましく磨かれるような経験を積ませたいと考えています。

　同時に，自分の考えをもち，自分の考えで行動し責任をとるということを積み上げて，精神的な「自立」を目指していきたいと思います。子どもに手取り足取りかかわり，目の前の障害物を大人がすべて取りのぞくのではなく，遠回りをしても，失敗をしても，自分の力で解決していく経験を大切にしたいと思っています。

　そのためにはなんといってもこのクラスが，あつい信頼関係で結ばれ，一人ひとりが大事にされる集団でなくてはなりません。担任としての考えや方針について少しずつ子どもたちには伝えてきています。できるかぎりはじめから押さえつけるのではなく，何かあるたびにみんなで考えながら進んでいき，しかしながら「体・命・心」を傷つけることについては決して許さない指導をしていきたいと思います。詳しい学級・学年の方針については次の懇談のときにお話しさせていただきますが，通信などでもお伝えしてまいりますので，目を通してくださると幸いです。

　最後になりますが，保護者の方々とはお子様のことについてなんでも話し合える関係を築きたいと思います。些細なことでも気になることがあればいつでもご連絡ください。学校の方でも何かあれば，ご連絡させていただくこともあるかもしれません。お子様について共通理解をはかりながら毎日接してまいりたいと思います。どうぞよろしくお願いいたします。

一歩前を自信をもって歩く存在でいたいものです。

　そうした意味でも，最初の保護者会では，学習と友だち関係に焦点を当てた話題づくりは大切です。学習であればどんな学習をするか，どこでつまずきやすく，どんな学習が求められるか，6年生であれば中学校での学習の準備をいかにすべきか，などを伝えましょう。友だち関係であれば，どんな問題行動が起きやすく，学校（学年，学級担任）はどんなスタンスでかかわるつもりなのか，あるいはどんな人間関係をはぐくみたいと考えているのかを伝えます。心と体の変化，思春期の特徴などとからめて話せると説得力が増し，学校と家庭でともに育てていくスタンスに立ちやすくなります。

座席を工夫する

　全員の顔を見合えるように座席を配します。時間と場所に余裕があれば，机を排し，イスだけで円をつくるのが理想です。クラス替え直後の場合は，大きな名札をつけたりお子さんの写真を持ったりしていただくと，「あの方，だれのお母さん？」という混乱を避けることができます。

　また，アイスブレイクになるアクティビティから始めるのもよいでしょう。立ち歩いて自己紹介をする，教師が出したお題ごとに集まってもらうなど，簡単で動きのあるものがおすすめです。時間に余裕があれば，少し手の込んだ活動にもチャレンジ。右のようなスライドを提示しながら行うと，スムーズに進めることが可能です。

１４人グループをつくります
・できるだけ家が遠い人と ・できるだけ同じクラスになったことがない人と ※声をかけ合いましょう

２　自己紹介をします
・お子さんの名前 ・ご自分の名前 ・テーマトーク ①「アップルパイ」のかけ声に指を出す ②指の合計本数でテーマが決まる 　　１〜５　　私の趣味 　　６〜10　　私の極上の休日 　　11〜15　　得意な料理 　　16〜20　　子どもの頃の夢

（宇野　弘恵）

第7章
パッと使えて効果絶大！
達人教師の学級開き小ネタ集

1　5年生の小ネタ集 …………………………………………………… 122
2　6年生の小ネタ集 …………………………………………………… 126

Chapter 7

1 5年生の小ネタ集

先生のフルネームは？

　新学期初日は，担任教師の自己紹介から始めるのが一般的でしょう。そこで，自己紹介に使える小ネタから紹介します。

　「始業式で，担任発表があったよね。先生の名前を覚えている人，いる？」

　まずは，子どもたちに呼びかけます。

　「中村健一先生！」

　「すごい！　よく覚えてくれていた。校長先生のお話をよく聞いていた○○さんに拍手～！」

　覚えてくれていた子は，しっかりほめます。子どもはほめてくれる先生を好きになりますからね。

　しかし，ここからが本題。

　「でもね，先生の名前は，本当はもっと長いんだよ」

　こう言うと，子どもたちは興味津々です。そこで，次のように黒板に書きます。

な	んて素敵で
か	っこいい
む	ら一番で
ら	いばるはいない
けん	かも強くて

い　い男
ち　　ょっぴりお茶目

「先生のフルネームは，『なんて素敵でかっこいい村一番でライバルはいな
いケンカも強くていい男ちょっぴりお茶目』なんだよ。でも，長いから，み
んな縮めて中村健一って言っているんだ。嵐の松本潤さんがマツジュンっ
て言われているようなもんだね」

長〜いフルネームに子どもたちは笑顔になります。

「担任の先生のフルネームなんだから，当然言えるよね」

こう言って，全員で声を揃えて，フルネームを音読します。

次は，一文消して，音読します。さらに，もう一文，もう一文とどんどん
消していきます。最後には，黒板に何も書いていない状態になります。

「黒板をよ〜く見て，先生のフルネームを言うんだよ」

こう言うと，笑いが起きます。それでも，子どもたちはフルネームが言え
てしまうもの。

楽しいだけでなく，全部覚えた！　という達成感も味わえる小ネタです。

先生の好きな物３つ，嫌いな物１つを言う

さらに自己紹介の小ネタです。先生の好きな物３つ，嫌いな物１つを言っ
ておきましょう。

私は，だいたい次のように言っています。

「先生は好きな物が３つあります。サンフレッチェ広島と広島カープとラ
ーメンです。逆に，ピーマンがちょっと苦手です」

これだけですが，効果バツグン。

「先生，サンフレッチェ広島で，だれが好き？」

休み時間に子どもたちが話しかけにきます。子どもたちが話しかけたくな
るエサをまいていると言っていいでしょう。

第7章　達人教師の学級開き小ネタ集　　123

正直に自分の好きな物を言う必要はありません。例えば，押さえておきたい「やんちゃくん」がジャイアンツファンだったとします。それなら，私は，
　「ジャイアンツが好きです」
と言います。
　嫌いな物もウソでOK。給食にピーマンが出ると，子どもたちは，
　「先生，大丈夫？」
と聞いてきます。しかし，私は，実はピーマンが大好き。だから，
　「苦手だけど，がんばって食べる！」
と嫌いな食べ物に挑戦する姿を見せることができます。本当に嫌いな物だとこうはいきません。

先生は「ジャンケン王」です！

　もっと簡単に子どもをツカむ自己紹介も紹介しておきましょう。それは，
　「先生は，ジャンケン王です。ジャンケンの世界大会で優勝したこともあります。生まれて一度もジャンケンに負けたことがありません」
と言うことです。これ，鉄板です。
　休み時間になると，子どもたちは間違いなくジャンケン勝負にきます。勝てば，いばって，
　「ほらっ！　強いでしょ。だって，世界チャンピオンだもん」
と言います。もし負けても，大丈夫。
　「……生まれてはじめて，負けた。……君の名前は何だ？　○○くんか。○○くんは先生を生まれてはじめて倒した男だ。君の名前は一生忘れないよ」
　こう言って，その子と握手をします。これで，その子と教師の「物語」を1つゲットです。

友だちビンゴ

　自己紹介ばかりになってしまいました。最後に1つだけゲームを紹介しましょう。下のワークシートを使ってするゲームです。

　子どもたちは自由に立ち歩いて，2人組をつくります。そして，

「何月生まれ？」「兄弟はいる？」

などと質問をし合います。

　ワークシートに書いてある条件に合っていれば，そのマスにサインをもらいます。縦，横，斜め，どれでもサインが揃えば1ビンゴ。5分間で何ビンゴできるかを競います。

　ただし，質問は1人に1回しかできません。「異性のサインがないと，0ビンゴ」なんてルールを加えてもいいですね。

　孤立しそうな子の情報を入れておくのがおすすめです。例えば，その子が英語を習っていたら，「英語が話せる」というマスをつくるのです。そうすれば，孤立しそうな子にも，たくさんの子が話しかけます。

　今どきの子どもたちは，同じクラスになっただけでは，仲間だと思っていません。教師はそんな子どもたちを意識的に「つなげる」必要があります。

　「つなげる」基本は，コミュニケーション。つまり，おしゃべりです。

　「友だちビンゴ」のようなおしゃべりを促すゲームをして，子どもたちをつなげましょうね。

友だちビンゴ
5年　　組（　　　　　　　　）

次の条件に合う人を見つけて，マスにサインをもらいましょう。
縦，横，斜め，どれでも1列揃えば，ビンゴ。たくさんビンゴした人がエライ！
※インタビューは，1人に1回だけ。
　サインも，1人に1回だけです。

7月か12月生まれ	兄か姉がいる	5年生ではじめて男の先生が担任になった
回転ずしでは，10皿以上食べる	5人以上の家族で住んでいる	ネコを飼っている
スポ少に入っている	カレーよりラーメンが好きだ	英語が話せる

ビンゴした数…（　　　　　）

第7章　達人教師の学級開き小ネタ集

2 6年生の小ネタ集

他力本願クイズ

　5年生では自己紹介を中心に紹介しました。そこで，6年生では，ミニゲームを中心に紹介します。

　まずは，下のワークシートを使ってする「他力本願クイズ」です。

タイトル通り，自分で答えるクイズではありません。他の人に答えてもらうクイズです。

　子どもたちは自由に立ち歩いて，2人組をつくります。そして，「3番，教えて」「7番，教えて」と問題を指定します。聞かれた人は，知っていれば答えを書きます。知らなければ，「ごめんなさい」と謝ります。

　答えは，1人に1回しか聞けません。「ごめんなさい」と言われても，

他力本願クイズ10

名前（　　　　　　　）

友達に「○番教えて！」と言って，次の問題の答えを書いてもらってください。
ただし，答えてもらえるのは1人に1問だけ。「知らない」と言われても，その人にはもう聞けません。
5分間でたくさん正解を書いてもらった人が優勝です。

※書いてもらった答えが「間違っている」と思ったら，線で消してください。そして，他の人に同じ問題に答え直してもらってもOKです。
※他の人に書いてもらった答えが正解だと思ったら，聞かれたときにその答えを書いてあげてもOKです。

1　富士山の標高は？　　　　　　　　（　　　　　）
2　邪馬台国の女王の名前は？　　　　（　　　　　）
3　ダーリンを歌う歌手は？　　　　　（　　　　　）
4　現在の総理大臣のフルネームは？　（　　　　　）
5　ちびまる子ちゃんの作者は？　　　（　　　　　）
6　三角形の面積を求める公式は？　　（　　　　　）
7　今，一番ほしい物は？　　　　　　（　　　　　）
8　日本で一番面積が狭い都道府県は？（　　　　　）
9　消費税は，何パーセント？　　　　（　　　　　）
10「防」，この部首の名前は？　　　　（　　　　　）

■正解の数…10問中（　　　）問

もうその人には聞けません。
　書いてもらった答えが間違っていると思ったら，後でコソッと消します。そして，他の人に答えてもらってＯＫです。また，自分が知らなくても，他の人に答えてもらったものを書いてあげてもＯＫです。
　制限時間は，５分間。答え合わせをして，たくさん正解した人が優勝です。

運命の仲間

　子どもたちが運命を感じ，仲良くなれるゲームを紹介します。
　教師はクラスの人数の３分の１の枚数（30人だったら10枚），クイズの問題をＡ４の紙に印刷します。それを写真のように適当に３つのピースに切ります。そして，子どもたちに，１人１ピースずつ配ります。
　子どもたちは，同じ問題のピースを持っている「運命の仲間」を探します。３人揃えば，クイズの問題が完成です。
　クイズの問題が完成したら，３人で相談して答えを考えます。そして，先生の所に答えを言いに行きます。答えが正解なら，見事に合格。
　１日の最後にやって，合格したら「さようなら」できるというルールがいいですね。

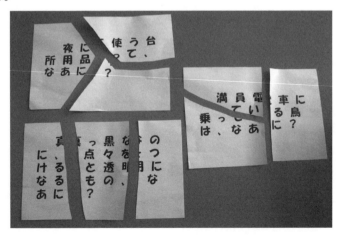

テッテッテッテッテレパシ〜！

　もう１つ運命を感じるゲームを紹介します。

　子どもたちは自由に立ち歩いて，２人組をつくります。そして，２人で声を揃えて，「テッテッテッテッテレパシ〜！」と言います。最後の「シ〜」に合わせて，１本から５本の指を出します。同じ指なら，見事に成功。２分間相手を変えて繰り返し，一番多く成功した人が優勝です。

　子どもたちは，同じ指を出した相手に運命を感じます。そして，仲良くなっていきます。

　新学期最初には，こういう運命を感じて「つなげる」ミニゲームを多発したいですね。

早口言葉が増えていく!?

　早口言葉を使って，２人組で行う遊びです。

　先攻が「ミャンマー」と言います。次に，後攻が「ミャンマー，ミャンマー」と言います。さらに，先攻が「ミャンマー，ミャンマー，ミャンマー」と言います。

　このように，２人組が交互に「ミャンマー」を１つずつ増やして言っていくのです。

　言う数が増えれば増えるだけ，噛み噛みになります。それが楽しくて，大笑い。教室中が笑いの渦に巻き込まれます。

　噛まずにいくつ言えたのか？　の勝負にするとおもしろいです。２分間挑戦して最高記録を目指すのがいいですね。

　最高記録を聞いて，クラスの王者ペアを決めるとゲームになります。王者ペアにみんなの前でやってもらうと，盛り上がりますよ。

　おもしろい早口言葉はネットで調べれば，いくらでもゲットできます。

空飛ぶティッシュ

　これは，班（5人程度）対抗で行うゲームです。

　班の1人が机の上などに上がって，高い所からティッシュを落とします。そのティッシュが床に落ちないように班のメンバー全員でノートや教科書でパタパタあおぎます。ティッシュを長く浮かせた班が優勝です。

　これが，もう大盛り上がり。一度教えると，子どもたちは休み時間にも遊びます。雨の日の昼休みなどにおすすめですね。

　ちなみに，ティッシュは2枚重ねを1枚にした方がいいでしょう。浮く時間が長くなって，もっと楽しくなります。

　班での協力を促すこともできるゲームです。超おすすめなので，ぜひやってみてくださいね。

帰れま10（テン）

　お笑いネタが2つ続いたので，最後はちょっと知的な小ネタを。1日の終わりに最適の「帰れま10（テン）」です。

　簡単に言えば，○○のトップ10を当てるまでは帰れないという小ネタ。テレビ番組であったので，イメージできる読者も多いことと思います。

　「さようなら」の前，教師は「今日は，米の生産量が多い都道府県のトップ10を当てるまで帰れまテン！」などとお題を出します。子どもたちは席順に1つずつトップ10に入っていると思う都道府県名を言います。教師は，「北海道は，……第2位」と発表し，黒板に書いていきます。見事にトップ10すべてを答えたら，「さようなら」です。

　第9位の千葉県を当てた子には「ファインプレー！」と歓声が上がります。そして，トップ10すべてを当てた子どもたちは，いつも以上に元気に「さようなら」と言って帰っていきます。

（中村　健一）

第8章

「今すぐ何とかしたい！」を素早く解決！
学級開きの悩み Q&A

1　子どもたち同士の関係はどう結べばよいですか………………132
2　話を聞くことができなくて，困っています………………………134
3　子どもの顔と名前を一致させるのに苦労しています……………136
4　「課題のある子」が気になります…………………………………138
5　やることの多さに，優先順位がわからなくなります……………140
6　当番のルールがバラバラ。どうしたらよいでしょうか…………142
7　忘れ物が多く，どう指導したらよいか悩んでいます……………144
8　質問が多すぎて，指導に時間がかかります………………………146
9　どうしたら子どもの信頼を得られるのかわかりません…………148

Chapter 8

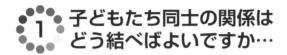

1 子どもたち同士の関係はどう結べばよいですか…

Question

私は，おしゃべりが好きですし，子どもたちと遊ぶのも大好きです。ですから，私と子どもたちとの関係を結ぶことにはそれほど悩みません。

ところが，子どもたち同士の関係を結ぶ手立てが，どうも思い浮かびません。特に新学期早々のこの時期には，そのままにしておくと子どもたちはもとのクラスの子どもたちとかかわろうとします。

子どもたちを結びつける何かよい手立てはないでしょうか。

Answer

旧クラスの子同士のかかわりは自然なこと

　まず，新学期にそのままにしておくと，休み時間，旧クラスの子どもたち同士で集まっている，教室の中でも，旧クラスの子どもたちで集まってかかわっているという姿は，ごく自然なことです。

　むしろ，旧クラスのだれともかかわっていないという子がいたら心配しなくてはなりません。旧クラスでの人間関係に問題があって，今もそれを引きずっているのかもしれないからです。

不安なときに旧クラスの人間関係が安全基地になっているのだとしたら，それはすばらしい1年間を送ってきたということですから，教師の1人として喜ぶべきことです。

ストロークを増やす

子どもたちは「親しくない人とは，緊張して話せない」と言います。では，親しくなるにはどうすればよいのでしょうか。それは，逆説的ではありますが，話すしかないのです。

では，それは休み時間にできることでしょうか。休み時間に頼っていたら，子どもたちは永久に親しくなりません。なぜなら，放っておけば旧クラスの人間関係に頼ってしまうからです。

そこで，話をさせるのは授業中が最適ということになります。

ここで，意識しなければならないのは，「話し合い」の3つのレベルです。

・会話（気軽なおしゃべり）

・対話（テーマはあるが，結論を出さなくてもいい話し合い）

・議論（テーマがあり，結論を出さなければならない話し合い）

この3項目は，順序を示しています。つまり，会話ができないのに対話はできないし，対話ができないのに議論はできないということです。授業では，次のような順序で指導していきます。

・今の問題について，隣の人と聞き合おう。

・今の問題について，聞き合って，意見を1つにまとめよう。

・今の問題について，意見を合わせて，第3の意見をつくってみよう。

日常的に会話のストロークを増やす

朝の会でも，「昨日，何をしていたの？」「今日の体調は，どう？」「好きなお菓子は？」というような会話をたくさんさせ，会話のストロークを増やします。ストロークの数は，そのまま親しみと比例します。帰りの会では，「今日のあなたのよかったところ」を話し合わせます。

話を聞くことができなくて，困っています…

Question
　前年度，荒れていた学年の担任になりました。少しは，心の準備をしていたのですが，とにかく驚きました。子どもたちが，まったく話を聞けません。
　教師の話の途中で，思いついたことを自由に話したり質問したりしてきます。そのせいで，指示などが1回で通ることはなく，何度も聞き返したり，「どうぞ」と言っても，「何するの？」と質問してきたりします。どのように指導すれば改善されるのでしょうか。

Answer

なぜ聞くことができないのか？

　前年度荒れていた学年，学級の子どもたちは，話を聞くことができない場合が多いです。それは，話を聞いていてもなんのよさも実感したことがないからです。
　例えば，聞いていてもその話が結局よくわからない場合があげられます。教師の話が下手な場合がそうです。聞いていてもわからないのに，聞いてい

ないとなおさら叱られる。これでは子どもは荒れてしまいます。

　もう1つあります。教師の話を聞いていれば，それなりに指示はわかる，しかし，指示がわかってもその指示に従う雰囲気が学級にない場合です。

　この場合も，話を聞く意味がなくなってしまいます。こうした誤った学習を子どもたちは1年間してきたということを，まずは理解しなければなりません。

　話を聞くという行為に，徹底的に絶望してしまうのも無理はないでしょう。

話を聞くよさを実感させる

　先に述べたように，教師の話を聞くことに意味が見出せない子どもたちに，まず何を指導すればよいのでしょうか。

　それは，簡単です。話を聞くよさを実感させればよいのです。

　例えば，1つ指示をします。それにさっと従うことができたら，「すばらしい，反応が速いね」と評価します。こうしたことを積み重ねるのです。

　よく聞いていればクリアできるというようなゲームも有効です。例えば，「山田先生は言いました。○○してください」と「山田先生は言いました」が頭についたときだけ指示に従うというようなゲームを行うとよいでしょう。

　絵本の読み聞かせも有効です。教師がていねいに読むだけで，話を集中して聞くことを，子どもたちに体感させられます。低いコストで高い効果をあげられる方法です。子どもたちがじっくりと聞いてくれたら「最後まで静かに聞いてくれたから，とても読みやすかったよ。ありがとう。みんなはどうだった？」と振り返りをしましょう。

話す立場に立たせる

　聞き方を指導したければ，話す側に子どもたちを立たせましょう。隣の子どもに昨日あったことを話すように指示します。聞いている方には，「最悪の聞き方」と「最良の聞き方」の2つをさせます。これによって，聞き方がよいと，相手がどれほど話しやすいかを実感できるでしょう。

3 子どもの顔と名前を一致させるのに苦労しています…

Question

　私は元来記憶力に自信がありません。特に新学期，困っているのが子どもたちの名前と顔が一致しないということです。
　もちろん，2週間ほどすれば一致するようにはなるのですが，それまでが大変です。また，名前を覚えられないので積極的に子どもに話しにくかったり，コミュニケーションをとりにくかったりします。
　子どもの名前と顔を，早く一致させるよい方法はないでしょうか。

Answer

いっそのこと自己開示してしまう

　あなたは，自分の悩みごとや困っていることを，なかなか言えないような雰囲気をもったクラスや，みんなが牽制し合って自己開示できないクラスをどう感じるでしょうか。
　もちろん，どんなことでも自己開示して人に伝えることが必要なわけではありません。言いたくないことは，言わなくてもいいわけです。
　しかし，できれば自分の弱みもふわっと受け止めてくれるような学級を望

むはずです。

　それを，まずは教師からしてみるというのもいいのではないでしょうか。

　「先生ね，名前と顔を一致させるのが苦手でね。それで失敗したことがあって……」と笑い話にしてしまいましょう。教師が自分の弱みを先に話してくれると，子どもたちはかえって安心なのではないでしょうか。

努力はする

　とはいえ，名前と顔を覚える努力は教師としてしなければなりません。

　春休みには，前担任から顔写真を借りるようにします。その写真と名前を見ながら話をします。

　「山田洋一くん。山田は先生と同じ名前だね。太平洋の『洋』か，広い心をもっているのかな……」という具合に話しながら，エピソード記憶にしていきます。

　また，子どもたちが登校してきたら，次の手立てを講じるようにします。

・「先生が，あなた方の名前を覚えるまでは，『先生，私の名前，フルネームで言える？』と，必ず話しかけてね」と言っておく。
・授業中にできるだけ全員を指名して，その子のユニークな発言や仕草をフィードバックする。「おもしろい視点の意見だね」「ちょっとはずかしそうだけど大丈夫だよ」というように。

ルーティンの中に名前と顔を一致させるアクションを埋め込む

・朝は必ず教室や教室前の廊下で子どもを待っていて，一人ひとりと触れ合う時間をもつ。そのときのやりとりがエピソードになって，記憶される。
・毎日，放課後に一人ひとりの顔を思い出しながらリフレクションをし，ノートに気づきを書き込む。
・放課後は，ノートに書きつけたものを基にして，同学年の教師と話をする。「今日，○○くんはなんか調子悪そうで……前からそんなことありましたっけ？」というように。

4 「課題のある子」が気になります…

Question
4月は「課題のある子」がどうしても気になったり，その対応に追われたりします。学習や生活態度などで，その子にかかわる時間がどうしても長くなってしまいます。そのため，この時期に本来しっかりとしなければならない，学級経営がおろそかになります。そうなると，5月中旬くらいから，そのつけが回ってきて，いつも「プチ荒れ」が起こってしまいます。どうしたらよいのでしょう。

Answer

1人で学級を崩壊させることはできない

　初期の学級経営が，その1年を大きく左右することは，先達が何度も繰り返し指摘してきたことです。この1か月の指導が重要である，と。

　しかし，その指導はどちらかというと学級全体にかかわるルールや関係性についてです。

　もちろん，その際も当然一人ひとりの特性に合致した指導は必要となりますが，だからといって特定の子に多くの時間をかけることは得策とは言えま

せん。

　なぜなら，その特定の子だけが不適切な行動をとったからといって，1人で学級を崩壊させることはできないからです。

多数派をまとめる

　特定の子が荒れて学級が崩壊に至ることは直接にはありません。あるのは，特定の子への対応を誤ってしまうことで，他の多数派が不満をもち，崩壊に至る場合です。

　その最たるものは，特定の「課題のある子」に時間をかけて指導することです。教師自身は，この場合「課題のある子」にていねいに指導していると認識しています。しかし，多くの子どもたちは次のようなネガティブなメッセージを受け取っています。

【意欲的な子どもたち】→あの子ばかりかまわれている。私たちがどんなにがんばっていても先生は注目してくれない。このクラスに私たちは必要ないのかな。

【様子を見ている子どもたち】→あの子ばかりかまわれている。私たちも問題を起こせば，あの子のように注目してもらえるのかな。

　こうした状況が進んだとき，学級崩壊に至るのです。ですから，この時期一番重要なことは，多数派である【意欲的な子どもたち】と【様子を見ている子どもたち】にしっかりと注目して，認めてあげることなのです。

上手にスルーする

　しかし，わかっていてもどうしても「課題のある子」が気になってしまうという場合があります。その場合，例えば「課題のある子」の席を少し後ろにする，小さな不適切行動には声をかけず怖い顔で見る，というだけにします。つまり，「課題のある子」の動きに必要以上に刺激されない，また，刺激されても過剰に反応しないように，こちら側でコントロールするというわけです。

5 やることの多さに，優先順位がわからなくなります…

Question

　自分はもともとタイムマネジメントが苦手です。普段からテキパキと仕事を進められないのですが，新学期の慌ただしさの中では，なおのことそうです。

　子どもに直接関係のある事柄に最も時間をかけたいと考えているのですが，それがなかなかできません。打ち合わせや書類の整備などをしている間に，あっという間に退勤時刻となって，結局家で遅くまで仕事をしているという有様です。どうしたらよいのでしょう。

Answer

なぜ，タイムマネジメントがうまくいかないのか？

　最大の原因に，業務の数量が見えるようになっていないということがあります。

　例えば，4月1日から6日までの間に，自分がしなければならない業務をすべて付箋に書き出しましょう。それは，会議や打ち合わせ，教務に提出しなければならない書類などから始まり，「始業式の黒板メッセージを書く」

「初日の学級通信をつくる」「自己紹介の内容を考える」「座席表を考える」「下駄箱氏名貼り」などの学級に直接関係のあることまでを含みます。

　こうして業務を書き出し，いったいいくつの仕事が完了すればよいのか，全体を見えるようにすることが大切です。それもしないで仕事を進めれば，タイムマネジメントができないのは当たり前です。

業務を分類する

　ある期間に行わなければならない業務を，ほぼすべて書き出したら，次にそれらを分類します。分類は次の順で行います。
①時間に縛られるもの。（会議，打ち合わせ）
②人に縛られるもの。（校務分掌の打ち合わせ，学年部会）

　この①・②以外の時間が，あなた独自の業務ができる時間となります。残った付箋をさらに分類していきます。

③「時間規模の大小」「知的業務—作業的業務」の規模と質による分類。（図参照）

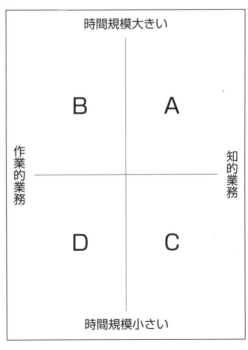

　その結果，A象限に位置する業務は，自分の脳がすっきりしている時間にするのがよいでしょう。

　B象限は，眠くなる午後一番などに行います。C象限は，通勤時や作業をしながら考えてもよいものです。D象限は隙間ができたらぱっとやってしまいます。このようにして，業務を行う時間を決めていきます。これがタイムマネジメントをしながら業務処理をするということです。

6 当番のルールがバラバラ。どうしたらよいでしょうか…

Question

　新学期になり，まずは学級の日常生活に支障が出ないようなシステムをつくらなければならないと思っています。特に，勤務している学校では，給食や清掃は初日から始まります。
　ですから，その日のうちに給食当番や掃除当番のシステムを子どもたちに導入しなければなりません。ところが，今まで各学級バラバラのルールでやっていたようなのです。統一するのが難しく困っています。

Answer

当番活動はなんのために

　当番活動は，そもそもなんのためにあるのでしょうか。例えば，それは「決められたタスクをミスなく，狂いなく，静かに処理する子どもを育てるため」でしょうか。
　もしも，そうだとすれば，担任は新学期初日に子どもがスムーズにタスクをこなせるような完璧なシステムを提示する必要があります。
　いろいろな学級からやってきた，いろいろなシステムになじんでいる子ど

もがいたとしても，「このやり方でいきます」と言えばよいのです。

　また，前年度に大きく荒れていた学年や学級である場合は，ある程度一人ひとりの任務がきっちりと決まっている方がよいでしょう。また，その際他学級とも統一したシステムを導入するのが望ましいです。

　子どもから他の学級と比べた批判が出ることが，自分の学級，あるいは他の学級の運営をも，危うくさせる可能性があるからです。

自治的な学級を目指すのならば

　そもそも当番活動を行うのは，「自分たちの生活をよりよくしようとする意欲を育てたり，態度を培ったりするためだ」とあなたが考えているとしましょう。

　そうした場合は，「ひとまず走らせる」という段階があってもかまいません。例えば，次のように説明します。

　「このクラスはいろいろな学級からきた人たちで成り立っています。ですから，今までの当番のやり方もバラバラのはずです。そこで，まずは１週間すべての当番をすべての人に体験してもらいます。もめたり，うまくできなかったり，ときにはケンカになったりすることがあるかもしれません。それでも，自分たちで一番やりやすい方法を見つけていくのが，高学年らしい力をつけるということだと先生は考えます。どうでしょう？　１週間経ったら，みんなが感じたことや，みんなのアイデアを募る時間をもちます。どうですか，自分たちで自分たちのクラスをつくる第一歩です。チャレンジしてみますか？」

　このように尋ねて，前向きな姿を引き出していきましょう。

歩調を揃えて

　学級独自のルールをつくる「ひとまず走らせる」段階を設ける場合，他の学級の先生方に，しっかりと意図と見通しを話しておきましょう。説明せずに行うと，思わぬハレーションが起きることがあります。

7 忘れ物が多く，どう指導したらよいか悩んでいます…

Question
　新年度早々忘れ物が多すぎます。前年度に出された宿題が提出されないばかりでなく，健康調査票や家庭環境調査票などの提出も，期日が守られることはありません。
　毎日，忘れ物の点検や指導にとても時間がかかり，場合によっては1時間目にくい込むことがあります。また，そのことで学級の雰囲気が悪くなったり，その子との信頼関係に悪影響があったりするのではと心配になります。

Answer

自分はどう在るのか？

　忘れ物をすることを絶対悪と考えて，子どもを責める資格をもつのは，忘れ物をしたことがない教師だけです。そんな教師はいないはずです。
　また，子どもを責めたり，厳しく指導したりすることで子どもたちの忘れ物がなくなるのだとしたら，忘れ物をする子どもは簡単にいなくなるはずです。

ところが，実際には忘れ物をする子どもの指導で悩んでいるという教師はいなくなりません。

そこで，指導の在り方を変えてみます。「忘れ物をなくそう」ではなく，「忘れ物が多い子どもに何を教え，何に気づかせてあげることが教育なのか。これは指導のチャンスなのだ」と考えてみます。

忘れ物にもいろいろある

まず，忘れ物を2種類に分けて考えてみましょう。提出する責任が保護者にあるのか子どもにあるのかということで，まずは分類してみましょう。

まず，保護者が用意しなければならないものの代表は，健康調査票や家庭環境調査票などです。これらは，保護者が記入し，場合によっては押印が必要な場合もあります。ですから，提出する責任は保護者にあります。

保護者の責任において提出するものが提出されないからといって，子どもに指導するのは，お門違いです。家庭に連絡をして協力を求めましょう。

一方，子どもに完全に責任があるものの代表は，宿題や学校から与えられる教科書や教材などです。これらを持ってくるのは，子どもの責任なのですから，子どもに責任をとらせましょう。その場でやってもらうということです。つまり，自分のミスは自分で責任をとるのだということを教えることが，教育なのです。

その他，鉛筆，消しゴム，ノートなどの消耗品があります。これは，判断が難しいところです。家庭環境によっては準備が難しい可能性もありますから事情をよく聞いてあげましょう。ここでは「受け止め」が教育になります。

忘れたら言うこと4つを教える

忘れ物をしたら，次のことを言うように教えます。

「〇〇を忘れてしまいました（報告）。すみませんでした（謝罪）。今日は，貸してください（補完）。次回は必ず持ってきます（改善意志）」

これを休み時間のうちに言うように指導しましょう。

8 質問が多すぎて，指導に時間がかかります…

Question

初任の学級開きのときに，「先生，○○していいですか」という質問が多発して大変でした。1つ1つの質問にていねいに対応しようと思っていたのですが，1つの質問にていねいに答えると，次から次へと質問が出されるという感じです。その質問に答えているうちに，肝心の指導時間はどんどん短くなるし，予定が狂うことで，結局私の指導も粗いものになってしまいました。一体どのように対応したらよいのでしょうか。

Answer

なぜ，質問するのか？

　新学期，子どもたちは，今までの様々な失敗を思い起こし，二度と同じ轍は踏まない，そう思っていることでしょう。
　また，新しい学級，新しい担任のもとで自分は新しいスタートをきる。その学級の中で，失敗をするようなことがあってはならない。特に，担任の先生には嫌われたくない。できれば，認めてもらいたい。そう考えてもいることでしょう。

子どもたちが，頻繁に，そして１つ１つを質問するのは，こうした意欲の表れだとまず考えましょう。

　そう考えると，子どもたちの意欲と姿が愛おしく思えてきます。だれかが質問してきたら，心の中で「あなたはやる気がいっぱいなのね。たのもしい」と言いながら，子どもの声を聞くとよいでしょう。

指導の時間を確保する

　そうは言っても，次から次へとたくさんの質問が出されたら，確かに指導する時間がなくなってしまいます。そこで，次のように子どもたちと約束をしておきましょう。

・よい質問をする。その条件は，「**聞**いていてもわからない」「**き**っとみんなわからない（だれかがわかっているのなら，その人に聞けばよい）」「**み**んなにかかわる」「**短**く聞く」の「４条件（ききみみ）」である。

・質問は１人１つまで。

・質問は一時に全体で３つまで。

・それでも，どうしても聞きたいことがあったら，個人的に先生に聞きにくる。

・最後まで話を聞いた後に，質問をする。

・質問は，「簡潔に尋ねる」「答えてもらっているときにはしっかり聞く」「わかったら『わかりました』『ありがとうございました』と言う」という仕方である。

間違いなく全員に伝える

　学級の子どもたちの前で質問されたことは，必ず全員に伝えることを忘れてはいけません。個人的に尋ねられたことも，全体にかかわる大切なルールであれば，全員に伝えるようにします。

　また，ルールにかかわるようなことは，紙に書いて掲示するなど徹底することが大切です。小さな齟齬が，今後の大きな齟齬を生むのです。

9 どうしたら子どもの信頼を得られるのかわかりません…

Question

新学期になり，子どもたちの信頼をどう得たらよいのかがわかりません。信頼関係を結ばないうちは，子どもを叱ってはいけないとアドバイスされたことがあります。一方で，「はじめが肝心だから，先に厳しく指導をした方がいい」ともアドバイスを受けたことがあります。

信頼関係を築くことで，居心地のよい雰囲気の学級をつくるにはどうしたらよいものでしょうか。

Answer

信頼は，どのようなときに生まれるのか？

子どもからの信頼は，縦糸（規律）と横糸（円滑な人間関係）からなります。そして，縦糸が先に通されるか，あるいは縦糸と横糸がほぼ同時に通されることが重要です。

若い先生方が勘違いするのは，まさにこの点です。

規律は後でもよい，まずは，円滑な人間関係を結ぶのが大切だと考えるわけです。

そこで，おしゃべりや触れ合いをまずしようとします。そして，それが十分に達成されたときには，子どもたちは規律に従わず，学級が混乱に陥るというわけです。

そもそも信頼とは，横糸を通すだけで具現できるものではありません。

むしろ，子どもたちの信頼は縦糸を通す中で得られるものです。「教師が言ったことをしっかりと守る」「言ったことが守られていないときには，厳しく短く叱る」「叱った後には，必ずできるように導き，できるようになったら認める」。こうした中で得られるものです。

小さな成功体験を積み重ねる

縦糸は生活指導の場面でだけ通すのではありません。むしろ，教科指導の中でこそ，それは行われるのです。教師の指導によって，「自分たちは○○ができるようになった」という体験をたくさん積み重ねることが大切です。

なにも大げさなことでなくてもよいのです。「音読がすらすらできるようになった」「漢字テストの点数が上がった」「ノートがきれいに書けるようになった」……このようなことでよいのです。

教師の指導をしっかりと聞いていれば，自分たちは成長できるのだと，子どもたちが思うことが，すなわち教室における信頼の源です。

遊びの中に，やはり信頼を得る要素がある

とは言っても，授業場面で縦糸を通すことばかりを考えていたら，教師も子どもも息がつまってしまいます。忙しい時期ではありますが，やはり休み時間には子どもと遊びましょう。

これは単に発散という意味だけで言っているのではありません。遊びには必ず「規律（ルール）」が存在します。この規律を守らなければ，楽しくないということを実感させるのに遊びはもってこいです。そのうえ，肌と肌の触れ合いがあります。この触れ合いが，自然と教師と子どもの親和性を高めます。つまり遊びには縦糸と横糸が内包されているわけです。（山田　洋一）

【執筆者一覧】（執筆順）

野中　信行（元神奈川県横浜市立小学校）

山本　和彦（北海道北広島市立大曲小学校）

髙島英公子（富山県高岡市立定塚小学校）

古舘　良純（千葉県木更津市立波岡小学校）

中野　貴子（埼玉県春日部市立宝珠花小学校）

駒井　康弘（青森県弘前市立青柳小学校）

山中　伸之（栃木県小山市立大谷東小学校）

日野　英之（大阪府箕面市立西小学校）

川村　幸久（大阪市立堀江小学校）

玉田　純一（大阪府箕面市立豊川南小学校）

西岡　　毅（大阪教育大学附属池田小学校）

松本　祥介（兵庫県尼崎市立難波小学校）

飯村　友和（千葉県八千代市立高津小学校）

鈴木　玄輝（山形県河北町立北谷地小学校）

宇野　弘恵（北海道旭川市立啓明小学校）

中雄　紀之（福岡県北九州市立穴生小学校）

中村　健一（山口県岩国市立川下小学校）

山田　洋一（北海道北広島市立大曲小学校）

【編者紹介】
『授業力&学級経営力』編集部
（じゅぎょうりょく&がっきゅうけいえいりょくへんしゅうぶ）

月刊『授業力&学級経営力』　毎月12日発売

教育雑誌を読むなら
定期購読が、こんなにお得

特典1　年間購読料が2か月分無料
月刊誌の年間購読（12冊）を10か月分の料金でお届けします。
※隔月誌・季刊誌・臨時増刊号は対象外です。

特典2　雑誌のデータ版を無料閲覧
紙版発売の1か月後に購読雑誌のデータ版を閲覧いただけます。
※定期購読契約いただいた号よりご利用いただけます。

スタートダッシュ大成功！
小学校　学級開き大事典　高学年

2018年3月初版第1刷刊　Ⓒ編　者　『授業力&学級経営力』編集部
　　　　　　　　　　　　　　発行者　藤　原　光　政
　　　　　　　　　　　　　　発行所　明治図書出版株式会社
　　　　　　　　　　　　　　　　　　http://www.meijitosho.co.jp
　　　　　　　　　　　　　(企画)茅野　現(校正)嵯峨裕子
　　　　　　　　　　〒114-0023　東京都北区滝野川7-46-1
　　　　　　　　　　振替00160-5-151318　電話03(5907)6701
　　　　　　　　　　　　　ご注文窓口　電話03(5907)6668

＊検印省略　　　組版所　株式会社明昌堂

本書の無断コピーは，著作権・出版権にふれます。ご注意ください。

Printed in Japan　　ISBN978-4-18-355320-1
もれなくクーポンがもらえる！読者アンケートはこちらから　→

小学校学年別

365日の学級経営・授業づくり大事典

6巻シリーズ

釼持 勉 監修

1年・1801　4年・1804
2年・1802　5年・1805
3年・1803　6年・1806

B5判・各2,800円+税

必ず成功する！

1章　学級開きのポイント
2章　授業開きのポイント
3章　月別学級経営のポイント
4章　教科別学習指導のポイント

小学校学級担任の仕事のすべてが分かる！

学級開きから修了式まで、学級経営に関する全仕事を網羅しました。また、授業開きのポイントや各教科のおすすめ授業など、授業づくりのアイデアも盛りだくさん！巻末にはコピーしてすぐ使えるテンプレート教材集も収録。365日手放せない1冊です！

明治図書　携帯・スマートフォンからは　**明治図書ONLINEへ**　書籍の検索、注文ができます。　▶▶▶

http://www.meijitosho.co.jp　＊併記4桁の図書番号（英数字）でHP、携帯での検索・注文が簡単に行えます。

〒114-0023　東京都北区滝野川7-46-1　ご注文窓口　TEL 03-5907-6668　FAX 050-3156-2790